DEN BEDSTE HJEMMELAGEDE PIZZA

SÅDAN LAVER DU 100 VELSMAGENDE ITALIENSKE PIZZAER

Mille Löfgren

Alle rettigheder forbeholdes.

Ansvarsfraskrivelse

Oplysningerne i denne e-bog er beregnet til at tjene som en omfattende samling af strategier, som forfatteren af denne e-bog har forsket i. Resuméer, strategier, tips og tricks er kun anbefalinger fra forfatteren, og læsning af denne e-bog garanterer ikke, at ens resultater nøjagtigt vil afspejle forfatterens resultater. Forfatteren af e-bogen har gjort alle rimelige anstrengelser for at give aktuelle og nøjagtige oplysninger til e-bogens læsere. Forfatteren og dens medarbejdere vil ikke blive holdt ansvarlige for eventuelle utilsigtede fejl eller udeladelser, der måtte blive fundet. Materialet i e-bogen kan indeholde oplysninger fra tredjeparter. Tredjepartsmateriale består af meninger udtrykt af deres ejere. Som sådan påtager forfatteren af e-bogen sig ikke ansvar eller ansvar for noget tredjepartsmateriale eller udtalelser.

E-bogen er copyright © 2022 med alle rettigheder forbeholdt. Det er ulovligt at videredistribuere, kopiere eller skabe afledt arbejde fra denne e-bog helt eller delvist. Ingen dele af denne rapport må gengives eller gentransmitteres i nogen form for reproduceret eller gentransmitteret i nogen som helst form uden skriftligt udtrykt og underskrevet tilladelse fra forfatteren.

INDHOLDSFORTEGNELSE

INDHOLDSFORTEGNELSE 4

INTRODUKTION 8

    KATEGORISERING AF PIZZAER 9

PIZZA OPSKRIFTER 11

    1. GRILL KYLLING PIZZA 12
    2. OKSEKØD OG SVAMPEPIZZA 16
    3. BROCCOLI OG OSTESAUCE PIZZA 21
    4. BROCCOLI OG TOMATSAUCE PIZZA 25
    5. BUFFALO CHICKEN PIZZA 29
    6. CHARD OG BLUE CHEESE PIZZA 33
    7. CHORIZO OG RØD PEBER PIZZA 37
    8. DELICATA SQUASH OG CHARD PIZZA 41
    9. AND CONFIT PIZZA 45
    10. FRIKADELLE PIZZA 49
    11. MEXICANSK REJEPIZZA 54
    12. NACHO PIZZA 58
    13. ÆRTER OG GULERØDDER PIZZA 62
    14. PHILLY CHEESESTEAK PIZZA 66
    15. POLYNESISK PIZZA 70
    16. POT PIE PIZZA 74
    17. KARTOFFEL, LØG OG CHUTNEY PIZZA 79
    18. PROSCIUTTO OG RUCOLA PIZZA 83
    19. REUBEN PIZZA 87
    20. BRÆNDT ROOTS PIZZA 91
    21. PØLSE OG ÆBLEPIZZA 96
    22. SHIITAKE PIZZA 100
    23. SPINAT OG RICOTTA PIZZA 104
    24. RUCOLA SALAT PIZZA 108

25. Avocado 'n Everything Pizza..111
26. BBQ kylling pizza...114
27. BBQ Jordbærpizza..116
28. Broccoli Deep Dish Pizza...118
29. Buffalo Chicken Pizza Pies...123
30. Californien pizza..126
31. Karameliseret løgpizza...130
32. Ost Calzone..133
33. Cherry Mandel Pizza...136
34. Chicago stil pizza..139
35. Deep-Dish Pizza..142
36. Hollandsk ovnpizza...145
37. Æggesalat pizzakogler...147
38. Figen, taleggio og radicchio pizza....................................150
39. Frosset Peanut Butter Pizza Pie..154
40. Grille super pizza..157
41. Grillet pizza..159
42. Grillet hvid pizza med Soppressata..................................163
43. Grillet grøntsagspizza..167
44. Mozzarella, rucola og citron pizza....................................170
45. Mexicansk pizza..174
46. Mini Pizza Bagels..178
47. Muffuletta pizza...180
48. Pan pizza..183
49. Pepperoni Pizza Chili...188
50. Pesto pizza...191
51. Philly Cheesesteak Pizza...194
52. Pita pizza med grønne oliven..197
53. Pizza burgere..200
54. Madpakke pizza...202
55. Afkølet frugtagtig godbid...204
56. Røget pizza..206
59. Håndværker pizza...212
60. Pepperoni Pizza Dip...214

61. Tun pizza...216
62. Kylling med pizzasmag...218
63. Morgenmad pizza..221
64. Have Frisk Pizza...224
65. Pizzaskaller...227
66. Varm italiensk stegepizza...230
67. Pizza i New Orleans stil...232
68. Torsdag aften pizza...235
69. Blandet Veggie Pizza...238
70. Hamburger pizza..240
71. Fløde af pizza..243
72. Roma Fontina Pizza...246
73. Krydret Spinat Kylling Pizza..248
74. Pizza til påske...253
75. Super Bowl Pizza..257
76. Fladbrød pizza...260
77. Tidlig morgen pizza...263
78. Backroad Pizza..266
79. Børnevenlige pizzaer...268
80. Pizza i Pennsylvania-stil...270
81. Kærnemælkspizza...273
82. Worcestershire Pizza...276
83. BBQ oksekød pizza...279
84. Pizza Rigatoni..281
85. Pizza i mexicansk stil..283
86. Middelhavspizza...287
87. Alle Peber og Løg Pizza...290
88. ELSKER pizza..292
89. Kartoffel Tofu Pizza..295
90. græsk pizza..298
91. Pizza salat..301
92. Dessert pizza..304
93. Picnic mini pizzaer...307
94. Tropisk valnøddepizza...310

95. Tranebær kylling pizza..312
96. Sød og salt pizza...314
97. Autumnal Dijon Pizza...317
98. Gorgonzola Buttery Pizza..320
99. Rucola druepizza...322
100. Pizza i fransk stil..325

KONKLUSION..327

INTRODUKTION

Pizza er en flad, åben tærte af italiensk oprindelse, bestående af en brødlignende skorpe toppet med krydret tomatsauce og ost, ofte garneret med krydret kød og grøntsager.

Traditionelt er pizza blevet klassificeret efter tykkelse, form og monteringsplatform.

Kategorisering af pizzaer

A. Skorpetykkelse

Pizza kommer i tynde, mellemstore og tyk skorpe versioner. Mængden af dej er den vigtigste faktor, der påvirker skorpens tykkelse. Stigningen spiller dog også ind. Dej, der enten er underhævet eller overhævet, eller som er fladt ud før bagning, har tendens til at producere en tyndere skorpe end en, der får lov til at hæve (eller hæve) til et optimalt niveau efter rulning og før bagning.

B. Form

Pizzaer er også klassificeret efter form - nemlig runde og rektangulære. Pizza, der er lavet i en rektangulær pladeform, kaldes undertiden "italiensk bageri" pizza - det sted, hvor den stammer fra. Rund er dog den mest almindelige form i pizzeriaer, sandsynligvis fordi den er den nemmeste at lave.

Der er også specielle former, såsom hjerteformet pizza, som er en flerårig valentinsdagsfavorit.

C. montage

Pizzaer klassificeres også efter den platform, de er samlet på. Grundlæggende er der tre: pande, skærm og skræl (eller padle) - kendt som henholdsvis pandepizza, skærmpizza og ildbagt pizza. Panpizza kaldes også deep-dish pizza og stegepizza. Tykkere skorpepizzaer plejer at blive lavet i en gryde, mens tyndere ofte samles på en skærm eller skræl. Når den laves på skræl, bages en pizza direkte på ildstedet eller ovndækket. En variant af herdebagt pizza går ud på at lave og bage pizzaen på ikke-brændende silikonebehandlet papir.

PIZZA OPSKRIFTER

1. Grill kylling pizza

Ingrediens

- Enten universalmel til pizzaskrællen eller nonstick-spray f
- 1 hjemmelavet dej
- 6 spsk barbecue sauce (brug enhver variant, du foretrækker, varm til mild)
- 4 ounce (1/4 pund) røget provolone eller røget schweizisk, strimlet
- 1 kop hakket, kogt kyllingekød
- 1/2 små rødløg i tern (ca. 1/2 kop)
- tsk hakkede oreganoblade eller 1/2 tsk tørret oregano
- ounce Parmigiana, fint revet
- 1/2 tsk rød peberflager, evt

Rutevejledning:

a) Frisk dej på en pizzasten. Støv først en pizzaskal let med mel. Tilsæt dejen og form den til en stor cirkel ved først at fordybe den med fingerspidserne, derefter tage den op i kanten og forme den med hænderne til en cirkel på cirka 14 tommer i diameter. Sæt dejen med meldrysset nedad på skrællen.

b) Frisk dej på en pizzabakke. Smør enten med nonstick-spray og læg dejen i en bunke i midten af pladen eller bagepladen. Fordyb dejen med fingerspidserne, træk og tryk derefter i dejen, indtil den danner en cirkel med en diameter på omkring 14 tommer på pladen eller et uregelmæssigt rektangel, omkring 13 × 7 tommer, på bagepladen.

c) En bagt skorpe. Læg den på en pizzaskræl, hvis du bruger en pizzasten - eller læg den bagte skorpe lige på en pizzabakke.

d) Brug en gummispatel til at fordele barbecuesaucen jævnt over den tilberedte dej, og efterlad en 1/2-tommers kant i kanten. Top med den revne, rygeost.

e) Arranger kyllingestykkerne over osten, og drys derefter med hakket løg og oregano.

f) Top med revet Parmigiana og de røde peberflager, hvis du bruger. Skub tærten fra skrællen til den meget varme sten – eller stil pizzabakken med dens tærte enten lige i ovnen eller på den del af grillens rist, der ikke er direkte over varmekilden.

g) Bag eller grill med låget lukket, indtil skorpen er gylden, og osten er smeltet og endda begyndt at brune let, 16 til 18 minutter. Skub skrællen tilbage under skorpen for at fjerne den fra stenen, eller overfør pizzabakken eller melpladen med tærten til en rist. Stil tærten til side til afkøling i 5 minutter, før den skæres i skiver og serveres.

2. Oksekød og svampepizza

Ingrediens

- Alsidigt mel til afstøvning af pizzaskallen eller nonstick-spray til smøring af pizzabakken
- 1 hjemmelavet dej
- 1 spsk usaltet smør
- 1 lille gult løg, hakket (ca. 1/2 kop)
- 5 ounces cremini eller hvide knapsvampe, i tynde skiver (ca. 1 1/2 kopper)
- 8 ounce (1/2 pund) magert hakket oksekød
- 2 spsk tør sherry, tør vermouth eller tør hvidvin
- 1 spsk hakket persilleblade
- 2 tsk Worcestershire sauce
- 1 tsk stilkede timianblade
- 1 tsk hakkede salvieblade
- 1/2 tsk salt
- 1/2 tsk friskkværnet sort peber
- 2 spsk bøfsauce på flaske

- 6 ounce Cheddar, strimlet

Vejbeskrivelse

a) Frisk dej på en pizzasten. Støv en pizzaskal med mel og sæt dejen i midten. Form dejen til en stor cirkel ved at fordybe den med fingerspidserne.

b) Frisk dej på en pizzasten. Drys en pizzaskal med mel. Sæt dejen på den og brug fingerspidserne til at fordybe dejen til en stor cirkel. Tag dejen op ved kanten og vend den i dine hænder, indtil den er en cirkel på cirka 14 tommer i diameter. Sæt den formede dej med meldrysset side nedad på skrællen.

c) Frisk dej på en pizzabakke. Smør enten med nonstick-spray. Læg dejen på pladen eller bagepladen, fordyb den med fingerspidserne - træk og tryk den derefter, indtil den danner en 14-tommer cirkel på pladen eller et uregelmæssigt 12 × 7-tommers rektangel på bagepladen.

d) En bagt skorpe. Læg den på en pizzaskræl, hvis du bruger en pizzasten - eller læg den bagte skorpe lige på en pizzabakke.

e) Smelt smørret i en stor stegepande ved middel varme. Tilsæt løgkogen, omrør ofte, indtil den er blød, cirka 2 minutter.

f) Tilsæt svampene. Fortsæt med at koge under omrøring af og til, indtil de er bløde, afgiver deres væske, og det fordamper til en glasur, cirka 5 minutter.

g) Smuldr oksekødkogen i, under omrøring lejlighedsvis, indtil den er godt brunet og gennemstegt, cirka 4 minutter.

h) Rør sherryen eller dens erstatning, persille, Worcestershire-sauce, timian, salvie, salt og peber i. Fortsæt med at lave mad, under konstant omrøring, indtil stegepanden igen er tør. Stil til side af varmen.

i) Fordel bøfsaucen jævnt over skorpen, og efterlad en 1/2 tomme kant i kanten. Top med den revne cheddar, og hold kanten ren.

j) Ske og fordel hakkebøfsblandingen jævnt over osten. Skub derefter pizzaen fra skrællen til den varme sten - eller læg tærten på dens pizzabakke eller melplade enten i ovnen eller over den uopvarmede del af grillristen.

k) Bag eller grill med låget lukket, indtil osten er begyndt at boble, og skorpen er brun i kanten og noget fast at røre ved, 16 til 18 minutter. Sørg for at sprænge luftbobler, der opstår på frisk dej, især i kanten og især under de første 10 minutter af bagningen. Skub skrællen tilbage under skorpen, pas på ikke at løsne toppingen, og stil derefter til side i 5 minutter - eller læg pizzaen på pizzabakken på en rist i samme tid, før den skæres i skiver og serveres. Fordi toppingene er særligt tunge, er det muligvis ikke muligt at fjerne pizzaen nemt fra skrællen, pladen eller bagepladen, før den skæres i skiver. Hvis du bruger en nonstick-bakke eller bageplade, skal du forsigtigt overføre hele tærten til et skærebræt for at undgå, at nonstick-overfladen skæres.

3. Broccoli og ostesauce pizza

Ingrediens

- Mel til alle formål til afstøvning af en pizzaskræl eller nonstick-spray til smøring af en pizzabakke

- 1 hjemmelavet dej

- 2 spsk usaltet smør

- 2 spsk universalmel

- 1 1/4 kopper almindelig, fedtfattig eller fedtfri mælk

- 6 ounce Cheddar, strimlet

- 1 tsk dijonsennep

- 1 tsk opstammede timianblade eller 1/2 tsk tørret timian

- 1/2 tsk salt

- Flere streger varm rød pebersauce

- 3 kopper friske broccolibuketter, dampede eller frosne broccolibuketter, optøet (

- 2 ounce Parmigiana eller Grana Padano, fint revet

Rutevejledning:

a) Frisk dej på en pizzasten. Drys en pizzaskal med mel. Placer dejen i skrællens centrum og form dejen til en stor cirkel ved at fordybe den med fingerspidserne. Tag dejen op og drej den ved at holde i kanten og trække lidt i den, indtil skorpen er en cirkel på cirka 14 tommer i diameter. Stil den meldrysset nedad på skrællen.

b) Frisk dej på en pizzabakke. Smør den ene eller den anden med nonstick-spray. Læg dejen på pladen eller bagepladen og fordyb dejen med fingerspidserne, indtil det er en flad cirkel. Smelt smørret i en stor gryde sat over medium varme. Pisk melet i, indtil det er glat, og den resulterende blanding bliver meget lys blond, cirka 1 minut.

c) Reducer varmen til middel-lav og pisk mælken i, og hæld den i en langsom, jævn strøm i smør- og melblandingen. Fortsæt med at piske over varmen, indtil det er tyknet, som smeltet is, måske lidt tyndere, ca. 3 minutter eller ved det første tegn på simre. Tag gryden af varmen og pisk revet cheddar, sennep, timian, salt og varm rød pebersauce i (efter smag). Afkøl i 10 til 15 minutter, pisk af og til.

d) Hvis du arbejder med en bagt skorpe, skal du springe dette trin over. Hvis du bruger frisk dej, skal du skubbe den formede, men endnu ikke toppede skorpe fra skrællen til den varme sten eller placere skorpen på dens plade eller bageplade enten i ovnen eller over den uopvarmede del af grillristen. Bag eller grill med låget lukket, indtil skorpen er lysebrun, og sørg for at sprænge eventuelle luftbobler, der opstår på tværs af overfladen eller i kanten, cirka 12 minutter. Skub skrællen tilbage under skorpen for at fjerne den fra stenen - eller overfør pizzabakken med skorpen til en rist.

e) Fordel den tykke ostesauce over skorpen, og efterlad en 1/2-tommers kant i kanten. Top med broccolibuketter, og anret dem jævnt over saucen. Drys med revet Parmigiana.

4. Broccoli og Tomatsauce Pizza

Ingrediens

- Enten gul majsmel til at pudse en pizzaskal eller olivenolie til at smøre en pizzabakke
- 1 hjemmelavet dej
- 1 stor krukke pimiento eller ristet rød peber
- 1/2 tsk rød peberflager
- 1/2 kop Klassisk Pizzasauce
- 3 ounce' mozzarella, strimlet
- 3 ounces provolone, Muenster eller Havarti, strimlet
- 2 kopper frosne broccolibuketter eller friske buketter, dampet
- 1 ounce Parmigiana eller Grana Padano, fint revet

Vejbeskrivelse

a) Frisk dej på en pizzasten. Støv en pizzaskal med mel og sæt dejen i midten. Form dejen til en stor cirkel ved at fordybe den med fingerspidserne.

b) Frisk dej på en pizzasten. Drys en pizzaskal med majsmel. Læg dejen som en klump på skrællen og fordyb den derefter med fingerspidserne, indtil det er en stor cirkel. Tag dejen op, hold den i kanten med begge hænder, og drej den, stræk lidt, indtil den er en cirkel omkring 14 tommer i diameter. Læg den med majsmelsiden nedad på skrællen. Hvis du har brugt speltpizzadejen, kan den være for skrøbelig til at forme med denne teknik

c) Frisk dej på pizzabakke. Smør pladen eller bagepladen med olivenolie. Læg dejen på begge og fordyb den med fingerspidserne - træk og tryk derefter dejen, indtil den danner en 14-tommer cirkel på bakken eller et uregelmæssigt rektangel, 13 inches lang og 7 inches bred, på bagepladen. En bagt skorpe. Læg den på en meldrysset pizzaskræl, hvis du bruger en pizzasten - eller læg den bagte skorpe lige på en pizzabakke.

d) Purér pimientoen med de røde peberflager i en mini foodprocessor, indtil den er glat. Alternativt kan du male dem i en morter med en støder til en jævn pasta. Sæt til side. Fordel pizzasaucen jævnt over den tilberedte skorpe, og efterlad en 1/2 tomme kant i kanten. Top med begge revne oste, og hold den kant intakt.

e) Drys broccolibukterne rundt om tærten, og lad kanten igen være intakt. Prik pimiento-puréen over toppen, brug omkring 1 tsk for hver klat. Top med fintrevet Parmigiana. Skub forsigtigt pizzaen fra skrællen over på den varme sten – eller hvis du har brugt en pizzabakke eller bageplade, skal du placere den enten med tærten i ovnen eller over den uopvarmede del af grillristen.

f) Bag eller grill med låget lukket, indtil osten er smeltet, den røde sauce er tyk, og skorpen er gyldenbrun og fast at røre ved, 16 til 18 minutter.

g) Skub enten skrællen tilbage under pizzaen for at tage den af den meget varme sten, eller overfør pizzaen på dens plade eller bageplade til en rist. Hvis du vil sikre dig, at skorpen forbliver sprød, skal du fjerne tærten fra skrællen, bakken eller bagepladen, efter at den er afkølet i cirka 1 minut, og placer pizzaen direkte på rist. Afkøl under alle omstændigheder i i alt 5 minutter før udskæring.

5. Buffalo Chicken Pizza

Ingrediens

- Enten gult majsmel til at støve en pizzaskal eller usaltet smør til at smøre en pizzabakke
- 1 hjemmelavet dej
- 1 spsk usaltet smør
- 10 ounces udbenet skindfri kyllingebryst, i tynde skiver
- 1 spsk varm rød pebersauce, gerne Tabasco
- 1 spsk Worcestershire sauce
- 6 spiseskefulde chilisauce på flaske, såsom Heinz
- 3 ounce' mozzarella, strimlet
- 3 ounce Monterey Jack, strimlet
- 3 mellemstore selleri ribben, i tynde skiver
- 2 ounces blå ost, såsom Gorgonzola, dansk blå eller Roquefort

Vejbeskrivelse

a) Frisk dej på en pizzasten. Støv en pizzaskal med mel og sæt dejen i midten. Form dejen til en stor cirkel ved at fordybe den med fingerspidserne.

b) Frisk dej på en pizzasten. Drys en pizzaskal med majsmel. Placer dejen i skrællens centrum og form dejen til en stor cirkel ved at fordybe den med fingerspidserne. Tag dejen op og form den med dine hænder, hold dens kant, drej langsomt dejen, indtil den er en cirkel omkring 14 tommer i diameter. Læg den med majsmelsiden nedad på skrællen.

c) Frisk dej på en bageplade. Smør lidt usaltet smør på et køkkenrulle, og gnid det derefter rundt om en pizzabakke for at smøre det grundigt. Læg dejen på pladen eller bagepladen og fordyb dejen med fingerspidserne, indtil det er en flad cirkel. Træk og tryk den derefter, indtil den danner en 14-tommer cirkel på bakken eller et uregelmæssigt 12 × 7-tommers rektangel på bagepladen. En bagt skorpe. Placer den på en majsmel-støvet pizzaskræl, hvis du bruger en pizzasten - eller læg den bagte skorpe på en smurt pizzabakke eller en stor bageplade.

d) Smelt smørret i en stor stegepande eller wok ved middel varme. Tilsæt kyllingekødet i skiver, omrør ofte, indtil det er gennemstegt, cirka 5 minutter. Fjern stegepanden eller wokken fra varmen og rør den varme røde pebersauce og Worcestershire-sauce i. Fordel chilisaucen over skorpen, og pas på at efterlade en 1/2-tommers kant i kanten. Læg den overtrukne skive kylling over saucen.

e) Top med revet mozzarella og Monterey Jack, og bevar kanten af skorpen. Drys den snittede selleri jævnt over tærten. Smuldr til sidst blåskimmelosten jævnt i små dråber og drysser over det øvrige toppings.

6. Chard og Blue Cheese Pizza

Ingrediens

- Gul majsmel til skrællen eller nonstick-spray til pizzabakken eller bagepladen
- 1 hjemmelavet dej,
- 2 spsk usaltet smør
- 3 fed hvidløg, hakket
- 4 kopper tæt pakkede, strimlede, stilkede mangoldblade
- 6 ounce' mozzarella, strimlet
- 1/3 kop smuldret Gorgonzola, dansk blå eller Roquefort
- 1/2 tsk revet muskatnød
- Op til 1/2 tsk rød peberflager, valgfrit

Vejbeskrivelse

a) Frisk dej på en pizzasten. Støv en pizzaskal med mel og sæt dejen i midten. Form dejen til en stor cirkel ved at fordybe den med fingerspidserne.

b) Frisk pizzadej på en pizzasten. Drys en pizzaskal med majsmel, og sæt derefter dejen i midten. Form den til en stor cirkel ved at fordybe den med fingerspidserne. Tag den op og form den med dine hænder, hold dens kant, drej langsomt dejen, indtil den er omkring 14 tommer i diameter. Stil den meldrysset nedad på skrællen.

c) Frisk dej på pizzabakke. Smør begge med nonstick spray. Læg dejen på pladen eller bagepladen og fordyb dejen med fingerspidserne - træk og tryk den derefter, indtil den danner en 14-tommer cirkel på pladen eller et 12 × 7-tommer uregelmæssigt rektangel på bagepladen.

d) En bagt skorpe. Læg den på en pizzaskræl, hvis du bruger en pizzasten - eller læg den bagte skorpe lige på en pizzabakke.

e) Varm smørret op i en stor gryde ved middel varme. Tilsæt hvidløg og steg i 1 minut.

f) Tilsæt greens og kog, vend ofte med en tang eller to gafler, indtil de er bløde og visne, cirka 4 minutter. Sæt til side.

g) Drys den revne mozzarella over dejen, og efterlad en 1/2-tommers kant rundt om kanten.

h) Top med grøntblandingen fra stegepanden, og drys derefter blåskimmelosten over pizzaen. Riv muskatnød over toppen og drys de røde peberflager på, hvis det ønskes.

i) Skub pizzaen fra skrællen til den varme sten, eller læg tærten på dens bakke eller melplade enten i ovnen eller på den uopvarmede del af grillen. Bag eller grill med låget lukket, indtil osten er smeltet og bobler, og skorpen er fast at røre ved, 16 til 18 minutter. Skub skrællen tilbage under tærten for at tage den af den varme sten, og sæt den derefter til side - eller overfør tærten på dens plade eller bageplade til en rist. Afkøl i 5 minutter før udskæring.

7. Chorizo og rød peber pizza

Ingrediens

- Enten universalmel til afstøvning af skrællen eller nonstick-spray til smøring af pizzabakken
- 1 hjemmelavet dej,
- 1 mellemstor rød peberfrugt
- soltørrede tomater pakket i olie
- 1 fed hvidløg i kvarte
- ounces mozzarella eller Monterey Jack, strimlet
- 4 ounce (1/4 pund) klar til at spise spansk chorizo, skåret i tynde skiver
- 1/2 kop udstenede grønne oliven i skiver
- 3 ounce Manchego eller Parmigiana, barberet i tynde strimler

Vejbeskrivelse

a) Frisk dej på en pizzasten. Støv en pizzaskal med mel og sæt dejen i midten. Form dejen til en stor cirkel ved at fordybe den med fingerspidserne.

b) Frisk dej på en pizzasten. Start med at drysse en pizzaskal med mel, og sæt derefter dejen i midten. Brug fingerspidserne til at fordybe dejen, spred den lidt ud, indtil den er en flad cirkel. Tag den op og form den ved at holde dens kant og langsomt dreje den, indtil den er omkring 14 tommer i diameter. Stil den meldrysset nedad på skrællen.

c) Frisk dej på en bageplade. Smør en pizzabakke med non-stick spray. Læg dejen på pladen eller bagepladen, fordyb den med fingerspidserne, indtil det er en fladtrykt cirkel – træk og tryk den derefter, indtil den danner en 14-tommer cirkel på pladen eller et uregelmæssigt 12 × 17-tommers rektangel på bagepladen. En bagt skorpe. Læg den på en meldrysset pizzaskræl, hvis du bruger en pizzasten - eller læg den bagte skorpe lige på en pizzabakke.

d) Placer peberfrugten på en lille bageplade med læber og steg 4 til 6 tommer fra en forvarmet slagtekylling, indtil den er sort hele vejen rundt, og vend den lejlighedsvis i ca. 4 minutter. I begge tilfælde skal du lægge den sorte peber i en lille skål og lukke tæt med plastfolie eller forsegle i en papirpose. Stil til side i 10 minutter.

e) Pil de yderste sorte stykker af peberfrugten. Der er ingen grund til at fjerne hver eneste lille sorte smule. Stil peberfrugten, udkern og frø den, før du river den i store stykker. Læg disse stykker i en foodprocessor. Tilsæt de soltørrede tomater og hvidløgsprocesser indtil en ret glat pasta, skrab ned siderne med en gummispatel efter behov. Fordel peberblandingen over skorpen, efterlad en 1/2-tommers kant i kanten. Top peberblandingen med den revne ost, og anret derefter chorizoskiverne over pizzaen.

f) Drys oliven over tærten, og læg derefter de barberede strimler af Manchego på tværs af toppings.

8. Delicata Squash og Chard Pizza

Ingrediens

- Alsidigt mel til pizzaskallen eller olivenolie til pizzabakken
- 1 hjemmelavet dej
- 1 spsk usaltet smør
- lille gule løg, hakket (ca. 1/2 kop)
- kop frøet og skåret delicata squash (2 eller 3 mellemstore squash)
- 4 kopper hakkede, stilkede Chard-blade
- 1/4 kop tør hvidvin eller tør vermouth
- spiseskefuld ahornsirup
- 1 tsk hakkede salvieblade
- 1/2 tsk stødt kanel
- 1/2 tsk salt
- 1/2 tsk friskkværnet sort peber
- 8 ounce Fontina, strimlet

Vejbeskrivelse

a) Frisk dej på en pizzasten. Støv en pizzaskal med mel og sæt dejen i midten. Form dejen til en stor cirkel ved at fordybe den med fingerspidserne.

b) Frisk dej på en pizzasten. Drys en pizzaskal let med mel. Tilsæt dejen og form den til en stor cirkel ved at fordybe den med fingerspidserne. Saml den op med begge hænder ved kanten og drej den langsomt, lad tyngdekraften strække cirklen, mens du også gør det ved kanten, indtil den er omkring 14 tommer i diameter. Sæt den formede dej med meldrysset side nedad på skrællen.

c) Frisk dej på en pizzabakke. Smør pladen eller bagepladen let med lidt olivenolie. Læg dejen i midten og fordyb dejen med fingerspidserne for at flade den ud til en tyk cirkel – træk og tryk den derefter, indtil den danner en 14-tommer cirkel på pladen eller et uregelmæssigt 12 × 7-tommers rektangel på bagepladen.

d) En bagt skorpe. Læg den på en meldrysset pizzaskræl, hvis du bruger en pizzasten - eller læg den bagte skorpe på en pizzabakke. Smelt smørret i en stor stegepande over middel varme, tilsæt derefter løget og steg det under jævnlig omrøring, indtil det er gennemsigtigt, cirka 3 minutter. Rør squash i tern, og kog under omrøring af og til i 4 minutter. Tilsæt den hakkede chard og hæld vin eller vermouth i. Rør konstant, indtil det er delvist visnet, og rør derefter ahornsirup, salvie, kanel, salt og peber i.

e) Rør godt rundt, dæk til, reducer varmen til lav, og kog under omrøring af og til, indtil mangold og squash er møre, og væsken er fordampet til en glasur, cirka 8 minutter. Fordel den strimlede Fontina jævnt over skorpen, efterlad en 1/2-tommers kant rundt om dens kant.

f) Hæld squash- og chard-toppen jævnt over osten. Skub skorpen af skrællen og over på den opvarmede sten eller læg tærten på dens plade eller bageplade i ovnen eller over den uopvarmede del af grillen. Bag eller grill med låget lukket, indtil osten bobler, og skorpen er blevet gyldenbrun, 16 til 18 minutter.

g) Skub skrællen tilbage under skorpen for at fjerne den fra stenen og afkøl i 5 minutter, eller overfør tærten på dens plade eller bageplade til en rist til afkøling i 5 minutter.

9. And Confit Pizza

Ingrediens

- All-purpose mel til pizzaskrællen eller nonstick-spray til pizzabakken

- 1 hjemmelavet dej

- 4 ounce (1/4 pund) Gruyère, strimlet

- 1/3 kop hvide bønner på dåse, drænet og skyllet

- 1 hoved ristet hvidløg

- 2 spsk hakkede salvieblade eller 1 spsk tørret salvie

- 2 tsk opstammede timianblade eller 1 tsk tørret timian

- 1/2 tsk salt

- 1/2 tsk friskkværnet sort peber

- 4 ounces andeconfiterede ben, udbenet og kødet strimlet

- 2 ounces røget, spiseklar kielbasa, i tynde skiver

- 1 1/2 ounce Parmigiana, fint revet

Vejbeskrivelse

a) Frisk dej på en pizzasten. Støv en pizzaskal med mel og sæt dejen i midten. Form dejen til en stor cirkel ved at fordybe den med fingerspidserne.

b) Frisk dej på en pizzasten. Når du har støvet en pizzaskal med mel, sæt dejen i midten og fordyb dejen med fingerspidserne, stræk den ud, indtil den er en flad, kruset cirkel. Tag den op i kanten og drej den langsomt i dine hænder, mens du strækker kanten, indtil den er en cirkel på omkring 14 tommer i diameter. Sæt dejen med meldrysset nedad på skrællen.

c) Frisk dej på en pizzabakke. Smør enten med nonstick-spray og sæt dejen i midten. Fordyb dejen med fingerspidserne - træk og tryk derefter i dejen, indtil den danner en 14-tommer cirkel på bakken eller et uregelmæssigt rektangel, cirka 12 inches lang og 7 inches bred, på bagepladen. En bagt skorpe. Læg den på en meldrysset pizzaskræl, hvis du bruger en pizzasten - eller læg den bagte skorpe på en smurt pizzabakke.

d) Fordel den strimlede Gruyère over skorpen, og efterlad en 1/2-tommers kant i kanten. Top osten med bønnerne, og pres derefter hvidløgspulpen ud over pizzaen. Hvis du bruger købte ristede hvidløg, skal du kvarte fedene, så de kan drysses over tærten. Drys med salvie, timian, salt og peber.

e) Anret det strimlede andeconfit-kød og kielbasa-rundstykkerne over tærten, og top med revet Parmigiana. Skub tærten fra skrællen over på den opvarmede sten eller læg tærten på dens pizzabakke enten i ovnen eller på den uopvarmede del af grillens rist.

f) Bag eller grill med låget lukket, indtil skorpen er let brunet og lidt fast at røre ved, 16 til 18 minutter. Hvis der dukker luftbobler op rundt om kanterne af frisk dej, prik dem med en gaffel.

10. Frikadelle pizza

Ingrediens

- Enten universalmel til pizzaskallen eller olivenolie til pizzabakken
- 1 hjemmelavet dej
- 8 ounce (1/2 pund) magert hakket oksekød
- 1/4 kop hakket persilleblade
- 2 spsk almindeligt tørret brødkrummer
- 1/2-ounce Asiago, Grana Padano eller Pecorino, fint revet
- 2 tsk hakkede oreganoblade eller 1 tsk tørret oregano
- 1/2 tsk fennikelfrø
- 1/4 tsk salt
- 1/4 tsk friskkværnet sort peber 5 fed hvidløg, hakket
- 1 spsk olivenolie
- 1 lille gult løg, hakket (ca. 1/2 kop)
- 14-ounce dåse knuste tomater
- 1 tsk stilkede timianblade

- 1/4 tsk revet eller stødt muskatnød og 1/4 tsk stødt nelliker

- 1/4 tsk rød peberflager

- 6 ounce' mozzarella, strimlet

- 2 ounce Parmigiana, barberet i tynde strimler

Vejbeskrivelse

a) Frisk dej på en pizzasten. Drys en pizzaskal med mel, placer dejen i midten, og form dejen til en stor cirkel ved at fordybe den med fingerspidserne. Tag den op og form den ved at holde dens kant og rotere den, alt imens du strækker den forsigtigt, indtil den er omkring 14 tommer i diameter. Stil den meldrysset nedad på skrællen.

b) Frisk dej på pizzabakke. Dup lidt olivenolie på et køkkenrulle og smør bakken. Læg dejen i midten og fordyb dejen med fingerspidserne, indtil det er en fladtrykt cirkel – træk og tryk den derefter, indtil den danner en 14-tommer cirkel på pladen eller et uregelmæssigt 12 × 7-tommers rektangel på bagepladen.

c) Læg den på en meldrysset pizzaskræl, hvis du bruger en pizzasten - eller læg den bagte skorpe på en smurt pizzabakke.

d) Bland hakkebøffer, persille, brødkrummer, revet ost, oregano, fennikelfrø, 1/2 tsk salt, 1/2 tsk peber og 1 hakket fed hvidløg i en stor skål, indtil det er godt blandet. Form til 10 frikadeller, brug cirka 2 spsk af blandingen til hver enkelt.

e) Varm olivenolien op i en stor gryde ved middel varme. Tilsæt løget og de resterende 4 hakkede fed hvidløg kog under jævnlig omrøring, indtil det er blødt, cirka 3 minutter.

f) Rør de knuste tomater, timian, muskatnød, nelliker, røde peberflager, den resterende 1/4 tsk salt og den resterende 1/4 tsk peber i. Tilsæt frikadellerne og bring det i kog.

g) Reducer varmen til lav og lad det simre uden låg, indtil saucen er tyknet, og frikadellerne er gennemstegte, cirka 20 minutter. Afkøl ved stuetemperatur i 20 minutter.

h) Fordel den revne mozzarella over den tilberedte skorpe, og efterlad en 1/2-tommers kant i kanten. Fjern frikadellerne fra tomatsaucen og stil dem til side. Hæld og fordel tomatsaucen over osten, pas på at holde kanten intakt.

i) Skær hver frikadelle i halve og læg halvdelene med snitsiden nedad over hele tærten. Top med peberfrugt i tern og derefter den barberede Parmigiana. Skub pizzaen fra skrællen til den varme sten, eller læg pizzaen på dens plade eller bageplade enten i ovnen eller over den uopvarmede del af grillristen.

j) Bag eller grill med låget lukket, indtil saucen bobler, og skorpen er blevet gyldenbrun, 16 til 18 minutter. Skub skrællen tilbage under skorpen for at fjerne den fra den varme sten, eller overfør tærten på bakken til en rist. Afkøl i 5 minutter før udskæring.

11. Mexicansk rejepizza

Ingrediens

- Mel til alle formål til at støve pizzaskallen eller nonstick-spray til at smøre pizzabakken
- 1 hjemmelavet dej,
- 6 ounces mellemstore rejer (ca. 30 pr. pund), pillede og deveirede
- 8 ounce (1/2 pund) cherrytomater, hakket
- 1 mellemstor skalotteløg, hakket
- 1 1/2 spsk hakkede korianderblade
- 1 spsk ekstra jomfru olivenolie
- 1 tsk rødvinseddike
- 1/4 tsk salt
- 6 ounce Cheddar, strimlet
- 1 mellemstor syltet jalapeño i glas, frøet og hakket
- 1 tsk spidskommen, knust

Vejbeskrivelse

a) Frisk dej på en pizzasten. Drys en pizzaskal med mel, læg dejen i midten, og form dejen til en stor, fladtrykt cirkel ved at fordybe den med fingerspidserne. Tag den op og form den ved at holde dens kant og langsomt vende og strække dejen, indtil den er omkring 14 tommer i diameter. Stil den meldrysset nedad på skrællen.

b) Frisk dej på en pizzabakke. Smør enten med nonstick-spray, og sæt derefter dejen i midten. Fordyb dejen med fingerspidserne - træk og tryk derefter i dejen, indtil den danner en cirkel på ca. 14 tommer i diameter på pladen eller et uregelmæssigt 12 × 7 tommers rektangel på bagepladen. En bagt skorpe. Læg den på en pizzaskræl, hvis du bruger en pizzasten - eller læg den bagte skorpe lige på en pizzabakke.

c) Tilpas en mellemstor gryde med en grøntsagsdamper. Tilsæt en tomme vand (men ikke så vandet kører op i damperen) til gryden og bring vandet i kog ved høj varme. Tilsæt rejerne, læg låg på, reducer varmen til lav, og damp, indtil de er lyserøde og faste, cirka 3 minutter. Fjern og opfrisk under koldt vand for at stoppe kogningen. Skær i mundrette stykker. Bland cherrytomater, skalotteløg, koriander, olivenolie, eddike og salt i en lille skål. Spred denne blanding over den forberedte skorpe, og efterlad en 1/2-tommers kant ved kanten.

d) Top med den strimlede cheddar, og drys derefter de hakkede rejer, hakket jalapeño og de knuste spidskommen på. Skub pizzaen fra skrællen til den varme sten, eller læg tærten på dens plade eller bageplade enten i ovnen eller på den del af grillristen, der ikke er direkte over varmekilden eller kullene. Bag eller grill med låget lukket, indtil skorpen er gylden og osten er smeltet, 16 til 18 minutter. Hvis du arbejder med frisk dej, uanset om den er hjemmelavet eller købt i butikken, skal du tjekke den af og til, så du kan prikke eventuelle luftbobler, der måtte opstå på overfladen. Når pizzaen er færdig, skub skrællen tilbage under den for at få den væk fra stenen eller overfør tærten på dens plade eller bageplade til en rist. Afkøl i 5 minutter før udskæring og servering.

12. Nacho Pizza

Ingrediens

- Gul majsmel til afstøvning af pizzaskallen eller nonstick-spray til smøring af pizzabakken
- 1 hjemmelavet dej
- 1 1/4 kopper refried bønner på dåse
- 6 ounce Monterey Jack, strimlet
- 3 mellemstore blommetomater, hakkede
- 1/2 tsk stødt spidskommen
- tsk hakkede oreganoblade eller 1/2 tsk tørret oregano
- 1/2 tsk salt
- 1/2 tsk friskkværnet sort peber
- 1/3 kop salsa
- 1/2 kop almindelig eller fedtfattig creme fraiche
- Syltede jalapeño-skiver i glas efter smag

Vejbeskrivelse

a) Frisk dej på en pizzasten. Drys en pizzaskal med majsmel, placer dejen i midten, og form dejen til en stor cirkel ved at fordybe den med fingerspidserne. Tag den op og form den med hænderne i kanten, drej langsomt dejen, indtil den er omkring 14 tommer i diameter. Læg den med majsmelsiden nedad på skrællen.

b) Frisk dej på en pizzabakke. Smør pladen eller bagepladen med nonstick-spray. Læg dejen i midten og fordyb dejen med fingerspidserne, indtil den er en stor, fladtrykt cirkel – træk og tryk den derefter, indtil den danner en 14-tommer cirkel på bakken eller et uregelmæssigt rektangel, omkring 12 × 7 tommer, på bagepapir.

c) En bagt skorpe. Læg den på en pizzaskræl, hvis du bruger en pizzasten - eller læg den bagte skorpe lige på en pizzabakke. Brug en gummispatel til at sprede de friterede bønner over skorpen, og belæg den jævnt, men efterlad en 1/2 tomme kant i kanten. Top bønnerne med den strimlede Monterey Jack.

d) Rør de hakkede tomater, spidskommen, oregano, salt og peber i en stor skål, og fordel derefter jævnt over osten. Drys salsaen i små skefulde over skorpen. Skub pizzaen fra skrællen til den opvarmede sten eller læg tærten på dens plade eller bageplade i ovnen eller på grillristen over indirekte varme. Bag eller grill med låget lukket, indtil osten bobler og bønnerne er varme,

e) Skub skrællen tilbage under skorpen og stil den til side eller overfør tærten på pladen eller bagepladen til en rist. Afkøl i 5 minutter. For en sprødere skorpe skal du fjerne pizzaen fra skrællen, pladen eller bagepladen efter et minut eller to for at lade den afkøle direkte på rist.

f) Top tærten med klatter creme fraiche og lige så mange jalapeño-skiver, som du vil, inden den skæres i skiver og serveres.

13. Ærter og gulerødder pizza

Ingrediens

- All-purpose mel til pizzaskrællen eller nonstick-spray til pizzabakken

- 1 hjemmelavet dej

- 2 spsk usaltet smør

- 1 1/2 spsk universalmel

- 1/2 kop hel, fedtfattig eller fedtfri mælk

- 1/2 kop tung, pisket eller let fløde 3 ounce

- 2 tsk opstammede timianblade eller 1 tsk tørret timian

- 1/2 tsk revet muskatnød

- kop friske afskallede ærter eller frosne ærter, optøet

- kop gulerødder i tern (hvis du bruger frosne, så optøet)

- 3 fed hvidløg, hakket

- 1 ounce Parmigiana, fint revet

Vejbeskrivelse

a) Frisk dej på en pizzasten. Drys en pizzaskal med mel, sæt dejen i midten, og fordyb dejen til en fladtrykt, stor cirkel med fingerspidserne. Tag den op og form den ved at holde dens kant, roter den langsomt og strække forsigtigt dejen, indtil cirklen er omkring 14 tommer i diameter. Sæt dejen med meldrysset nedad på skrællen.

b) Frisk dej på en pizzabakke. Smør enten med nonstick-spray og sæt dejen i midten af begge. Fordyb dejen med fingerspidserne, indtil det er en fladtrykt, klemt cirkel - træk og tryk den derefter, indtil den danner en 14-tommer cirkel på bakken eller et 12 × 7-tommer uregelmæssigt rektangel på bagepladen. En bagt skorpe. Læg den på en meldrysset pizzaskræl, hvis du bruger en pizzasten - eller læg den bagte skorpe lige på en pizzabakke. Smelt smørret i en stor stegepande ved middel varme. Pisk melet i og fortsæt med at piske til det er glat og meget lys beige. Pisk mælken i i en langsom, jævn strøm og pisk derefter fløden i. Fortsæt med at piske over varmen, indtil den er tyk, omtrent som en ret tynd smeltet is. Rør revet ost, timian og muskatnød i, indtil det er glat. Afkøl ved stuetemperatur i 10 minutter.

c) I mellemtiden, skub den udopede skorpe fra skrællen til den opvarmede sten eller læg skorpen på dens bakke enten i ovnen eller over den uopvarmede del af grillristen. Bag eller grill med låget lukket, indtil skorpen lige begynder at føles fast i kanterne og lige begynder at brune, cirka 10 minutter. Hvis du bruger frisk dej, skal du sprøjte eventuelle luftbobler, der kan opstå over overfladen eller ved dens kanter, mens den bager. Skub skrællen tilbage under den delvist bagte skorpe og fjern den fra ovnen eller grillen - ellers overfør skorpen på pladen eller bagepladen til en rist.

d) Fordel den fortykkede mælkebaserede sauce over skorpen, og efterlad en 1/2-tommers kant i kanten. Top saucen med ærter og gulerødder, og drys derefter hvidløget jævnt over tærten. Til sidst drysses revet Parmigiana over toppings.

14.   Philly Cheesesteak Pizza

Ingrediens

- All-purpose mel til pizzaskrællen eller nonstick-spray til pizzabakken

- 1 hjemmelavet dej,

- 1 spsk usaltet smør

- 1 lille gult løg, halveret gennem stilken og skåret i tynde skiver

- 1 lille grøn peberfrugt, frøet og skåret i meget tynde skiver

- 2 spsk Worcestershire sauce

- Flere streger varm rød pebersauce

- 6 spsk klassisk pizzasauce

- 8 ounce (1/2 pund) mozzarella, strimlet

- 6 ounce 'deli roastbeef, barberet papir tyndt og skåret i strimler

- 3 ounces provolone, strimlet

Vejbeskrivelse

a) Frisk dej på en pizzasten. Drys en pizzaskal let med mel. Tilsæt dejen og form den til en stor cirkel ved at fordybe den med fingerspidserne. Tag den op i kanten og form den ved langsomt at dreje den og forsigtigt strække den, indtil den er omkring 14 tommer i diameter. Stil den meldrysset nedad på skrællen.

b) Frisk dej på en pizzabakke. Smør pladen eller bagepladen med nonstick-spray. Læg dejen i midten og fordyb den med fingerspidserne, indtil det er en klemt cirkel – træk og tryk derefter i dejen, indtil den danner en cirkel på ca. 14 tommer i diameter på bakken eller et uregelmæssigt rektangel, ca. 12 × 7 tommer, på bagepapir.

c) En bagt skorpe. Læg den på en meldrysset pizzaskræl, hvis du bruger en pizzasten - eller læg den bagte skorpe på en pizzabakke. Smelt smørret i en stor stegepande ved middel varme. Tilsæt løget og peberfrugten kog, omrør ofte, indtil det er blødt, cirka 5 minutter. Rør Worcestershire-sauce og den varme røde pebersauce i (efter smag). Fortsæt med at koge, indtil væsken i stegepanden er reduceret til en glasur, cirka 2 minutter mere. Afkøl ved stuetemperatur i 5 minutter. Brug en gummispatel til at fordele pizzasaucen over den tilberedte skorpe, og efterlad en 1/2-tommers kant i kanten. Top med revet mozzarella.

d) Læg roastbeef-strimlerne jævnt over tærten, og fordel derefter grøntsagsblandingen over oksekødet. Top med den strimlede provolone.
e) Skub pizzaen fra skrællen til den varme sten, eller læg pizzaen på dens plade eller bageplade enten i ovnen eller over den del af grillristen, der ikke er lige over varmekilden.
f) Bag eller grill med låget lukket, indtil skorpen er gylden, jævnt brunet på undersiden, og osten er smeltet og endda begyndt at blive meget lysebrun, cirka 18 minutter.
g) En eller to gange, tjek frisk dej, uanset om den er hjemmelavet eller købt, for at prikke eventuelle luftbobler, der kan opstå på overfladen, især i kanten.

15. Polynesisk pizza

Ingrediens

- Mel til alle formål til at støve pizzaskallen eller nonstick-spray til at smøre pizzabakken
- 1 hjemmelavet dej
- 3 spsk sød tyk sojasovs
- 6 ounce' mozzarella, strimlet
- 3 ounce canadisk bacon i tern
- 1 kop friske ananas stykker
- 1/2 kop spidskål i tynde skiver
- spiseske sesamfrø

Vejbeskrivelse

a) Frisk dej på en pizzasten. Drys en pizzaskal med mel, sæt dejen i midten, og form dejen til en stor, fladtrykt cirkel ved at fordybe den med fingerspidserne. Tag det op ved kanten og stræk det ved at dreje det, indtil det er omkring 14 tommer i diameter. Sæt den formede dej med meldrysset side nedad på skrællen.

b) Frisk dej på en pizzabakke. Smør pladen eller bagepladen med nonstick-spray. Læg dejen i midten af begge, og fordyb dejen med fingerspidserne - træk og tryk den derefter, indtil den danner en 14-tommer cirkel på pladen eller et uregelmæssigt 12 × 7-tommers rektangel på bagepladen.

c) En bagt skorpe. Læg den på en meldrysset pizzaskræl, hvis du bruger en pizzasten - eller læg den bagte skorpe på en pizzabakke.

d) Fordel sojasaucen jævnt over dejen, og efterlad en 1/2 tomme kant i kanten. Drys den revne mozzarella jævnt over saucen.

e) Top pizzaen med canadisk bacon, ananasstykker og skåret spidskål – drys derefter sesamfrø jævnt over tærten.

f) Skub skorpen fra skrællen til den meget varme sten eller læg tærten på dens plade eller bageplade i ovnen eller på grillen over den uopvarmede del. Bag eller grill med låget lukket, indtil osten er smeltet og skorpen er gyldenbrun, 16 til 18 minutter.

g) Skub skrællen tilbage under skorpen for at fjerne den fra den varme sten, eller overfør tærten på dens bakke eller bageplade til en rist. Afkøl pizzaen på skrællen eller bageristen i 5 minutter, inden den skæres i skiver. For at sikre, at skorpen forbliver sprød, skal du overføre pizzaen fra skræl, plade eller bageplade lige til risten efter et minut eller deromkring.

16.   Pot Pie Pizza

Ingrediens

- Gul majsmel til pizzaskrællen eller nonstick-spray til pizzabakken

- 1 hjemmelavet dej

- 1 spsk usaltet smør

- 1 1/2 spsk universalmel

- 1 kop hel, fedtfattig eller fedtfri mælk ved stuetemperatur

- 1 spsk dijonsennep

- 1 1/2 tsk opstammede timianblade eller 1 tsk tørret timian

- 1 tsk hakkede salvieblade eller 1/2 tsk tørret salvie

- 1 kop hakket, flået, udbenet, kogt kyllinge- eller kalkunkød

- 2 kopper frosne blandede grøntsager, optøet

- 2 tsk Worcestershire sauce

- 1/2 tsk salt

- 1/2 tsk friskkværnet sort peber

- Flere streger varm rød pebersauce
- 6 ounces Gouda, emmentaler, schweizisk eller cheddar, strimlet

Vejbeskrivelse

a) Frisk dej på en pizzasten. Start med at drysse en pizzaskal med majsmel, og sæt derefter dejen i midten. Fordyb dejen med fingerspidserne til en stor, fladtrykt cirkel - tag den derefter op, hold den i kanten, og drej den foran dig, alt imens du forsigtigt strækker den, indtil den er omkring 14 tommer i diameter. Sæt den formede dej med majsmelssiden nedad på skrællen.

b) Frisk dej på en pizzabakke. Smør den ene eller den anden med nonstick-spray. Læg dejen i midten af begge, og fordyb dejen med fingerspidserne - træk og tryk den derefter, indtil den danner en cirkel med en diameter på cirka 14 tommer på pladen eller et 12 × 7 tommer uregelmæssigt rektangel på bagepladen.

c) En bagt skorpe. Placer den på en majsmel-støvet pizzaskræl, hvis du bruger en pizzasten

- eller læg den bagte skorpe lige på en pizzabakke.

d) Smelt smørret i en stor gryde ved middel varme. Pisk melet i, indtil det er nogenlunde glat, og fortsæt derefter med at piske over varmen, indtil det er lyst, ca
e) sekunder.

f) Pisk mælken i i en langsom, jævn strøm. Fortsæt med at piske over varmen, indtil det er tyknet, omtrent som smeltet is. Pisk sennep og krydderurter i.

g) Tag gryden af varmen og rør kødet og grøntsagerne i, og rør derefter Worcestershire-sauce, salt, peber og varm rød pebersauce i (efter smag).

h) Rør den revne ost i, indtil alt er ensartet og belagt med saucen.

i) Fordel jævnt over skorpen, efterlad en 1/2-tommers kant ved kanten.

j) Slip skorpen af skrællen og over på stenen, eller læg tærten på dens plade eller bageplade i ovnen eller over den uopvarmede del af grillen. Bag eller grill med låget lukket, indtil fyldet bobler, og skorpen er blevet gyldenbrun og er noget fast at røre ved, cirka 18 minutter. Tjek af og til på en frisk dejtærte for at sikre dig, at der ikke er luftbobler i skorpen.

k) Skub skrællen tilbage under skorpen for at fjerne tærten fra stenen, eller overfør tærten på dens plade eller bageplade til en rist. Stil til side til afkøling i 5 minutter før udskæring. Hvis det ønskes, overføres tærten direkte til rist efter et minut eller deromkring for at lade skorpen køle lidt af uden at hvile mod en anden varm overflade.

17.   Kartoffel, løg og chutney pizza

Ingrediens

- Mel til alle formål til at støve pizzaskallen eller nonstick-spray til at smøre pizzabakken
- 1 hjemmelavet dej
- 12 ounce (3/4 pund) hvide kogende kartofler, såsom irske skomagere, skrællede
- 6 spiseskefulde mangochutney, blåbærchutney eller en anden frugtbaseret
- chutney
- 6 ounce Monterey Jack, revet
- 3 spsk hakkede dildblade eller 1 spsk tørret dild
- 1 stort sødt løg, såsom en Vidalia

Vejbeskrivelse

a) Frisk dej på en pizzasten. Drys en pizzaskal let med mel. Tilsæt dejen og form den til en stor cirkel ved at fordybe den med fingerspidserne. Tag den op, hold dens kant, og drej den langsomt, stræk den hele tiden, indtil den er omkring 14 tommer i diameter. Sæt dejen med meldrysset nedad på skrællen.

b) Frisk dej på en pizzabakke. Smør pladen eller bagepladen med nonstick-spray. Læg dejen i midten af hver fordybning af dejen med fingerspidserne, indtil det er en tyk, fladtrykt cirkel – træk og tryk derefter i dejen, indtil den danner en 14-tommer cirkel på bakken eller et uregelmæssigt 12 × 7-tommers rektangel på bagepapir.

c) En bagt skorpe. Læg den på en pizzaskræl, hvis du bruger en pizzasten – eller læg den bagte skorpe på en pizzabakke. Mens ovnen eller grillen opvarmes, bring ca. 1-tommer vand i kog i en stor gryde udstyret med en grøntsagsdamper. Tilsæt kartoflerne, læg låg på, reducer varmen til medium, og damp til de er møre, når de er gennemboret med en gaffel, cirka 10 minutter. Overfør til et dørslag sat i vasken og afkøl i 5 minutter, og skær derefter i meget tynde skiver.

d) Fordel chutneyen jævnt over den tilberedte skorpe, og efterlad omkring en 1/2-tommers kant ved kanten. Top jævnt med revet Monterey Jack. Arranger kartoffelskiverne jævnt og dekorativt over tærten, og drys derefter med dild. Skær løget i halve gennem stilken. Sæt den med skæresiden nedad på dit skærebræt og brug en meget skarp kniv til at lave papirtynde skiver. Skil disse skiver i deres individuelle strimler og læg disse over tærten.

e) Skub tærten fra skrællen til den meget varme sten, og sørg for at holde toppingerne på plads eller læg tærten på dens plade eller bageplade enten i ovnen eller på den del af grillens rist, der ikke er direkte over varmen kilde. Bag eller grill med låget lukket, indtil skorpen er let brunet i kanten, endnu mere mørkebrun på undersiden, 16 til 18 minutter. Hvis der opstår luftbobler i kanten eller i midten af den friske dej, pop dem med en gaffel for at få en jævn skorpe.

f) Skub skrællen tilbage under den varme tærte på stenen eller overfør tærten på dens plade eller bageplade til en rist. Stil til side til afkøling i 5 minutter før udskæring og servering.

18. Prosciutto og Rucola Pizza

Ingrediens

- Alsidigt mel til pizzaskallen eller olivenolie til pizzabakken
- 1 hjemmelavet dej
- 1/4 kop klassisk pizzasauce
- 3 ounces frisk mozzarella, skåret i tynde skiver
- 1/2 kop pakket rucola blade, tykke stilke fjernet 2 ounce' prosciutto,
- spiseske balsamicoeddike

Vejbeskrivelse

a) Frisk dej på en pizzasten. Drys en pizzaskal med mel, sæt dejen i midten, og fordyb dejen til en stor, fladtrykt cirkel med fingerspidserne. Tag den op og form den med dine hænder, hold i kanten, drej den langsomt og stræk den ud, indtil den er omkring 14 tommer i diameter. Sæt den formede dej med meldrysset side nedad på skrællen.

b) Frisk dej på en pizzabakke. Smør enten let med lidt olivenolie duppet på et køkkenrulle. Læg dejen på pladen eller bagepladen. Fordyb dejen med fingerspidserne - træk og tryk den derefter, indtil den danner en 14-tommer cirkel på pladen eller et 12 × 7-tommer ret uregelmæssigt rektangel på bagepladen.

c) Læg den på en meldrysset pizzaskræl, hvis du bruger en pizzasten - eller læg den bagte skorpe på en pizzabakke. Fordel pizzasaucen jævnt over skorpen, og efterlad en 1/2 tomme kant i kanten. Arranger mozzarellaskiverne jævnt over tærten, og hold kanten ren.

d) Læg rucolabladene over tærten, og top derefter prosciutto-strimlerne. Skub pizzaen fra skrællen til den varme sten, eller læg tærten på dens plade eller bageplade med pizzaen enten i ovnen eller på den del af grillristen, der ikke er direkte over varmekilden.

e) Bag eller grill med låget lukket, indtil skorpen er gylden samt noget fast og osten er smeltet, 14 til 16 minutter. Hvis du arbejder med frisk dej, skal du kontrollere den i løbet af de første 10 minutter, så du kan sprænge eventuelle bobler, der måtte opstå, især i kanten. Skub skrællen tilbage under den varme tærte for at tage den af stenen, eller overfør tærten på dens plade eller bageplade til en rist. Dryp tærten med balsamicoeddike, og stil den derefter til afkøling i 5 minutter, inden den skæres i skiver.

19.   Reuben pizza

Ingrediens

- Enten universalmel til skrællen eller nonstick-spray til pizzabakken eller bagepladen

- 1 hjemmelavet dej

- 3 spsk deli sennep

- 1 kop drænet surkål

- 6 ounce Swiss, Emmental, Jarlsberg eller Jarlsberg Light, strimlet

- 4 ounce kogt deli corned beef, skåret i tykke skiver og hakket

Vejbeskrivelse

a) Frisk dej på en pizzasten. Støv en pizzaskal med mel og sæt dejen i midten. Form dejen til en stor cirkel ved at fordybe den med fingerspidserne.

b) Tag den op og form den med dine hænder, hold dens kant, drej langsomt dejen og stræk forsigtigt dens kant, indtil den er omkring 14 tommer i diameter. Stil den meldrysset nedad på skrællen.

c) Frisk dej på en pizzabakke. Smør begge med non-stick spray. Læg dejen i midten af begge, og fordyb dejen med fingerspidserne, indtil det er en tyk, fladtrykt cirkel – træk og tryk derefter i dejen, indtil den danner en 14-tommer cirkel på pizzabakken eller et uregelmæssigt 12 × 7-tommers rektangel på bagepladen.

d) En bagt skorpe. Læg den på en pizzaskræl, hvis du bruger en pizzasten – eller læg den bagte skorpe lige på en pizzabakke.

e) Fordel sennepen jævnt over den forberedte skorpe, og efterlad en 1/2-tommers kant ved kanten. Fordel surkålen jævnt over sennepen.

f) Top tærten med den revne ost, derefter den hakkede corned beef. Skub forsigtigt pizzaen fra skrællen til den opvarmede sten eller læg tærten på dens plade eller bageplade i ovnen eller over den del af grillristen, der ikke er direkte over varmen eller kullene.

g) Bag eller grill med låget lukket, indtil skorpen er stivnet og blevet gylden, og indtil osten er smeltet og brunet lidt, 16 til 18 minutter. Hvis der opstår luftbobler på den friske dej, især i kanten, skal du pop dem for en jævn skorpe. Skub skrællen tilbage under pizzaen, og pas på ikke at løsne toppen, for at fjerne tærten fra den varme sten eller overfør tærten på dens bakke eller bageplade til en rist. Stil til side til afkøling i 5 minutter før udskæring og servering.

20. Brændt Roots Pizza

Ingrediens

- Alsidigt mel til afstøvning af pizzaskallen eller olivenolie til smøring af pizzabakken

- 1 hjemmelavet dej

- 1/2 stort hvidløgshoved

- 1/2 små søde kartofler, skrællet, halveret på langs og skåret i tynde skiver

- 1/2 lille fennikelløg, halveret, trimmet og skåret i tynde skiver

- 1/2 lille pastinak, skrællet, halveret på langs og skåret i tynde skiver

- 1 spsk olivenolie

- 1/2 tsk salt

- 4 ounce (1/4 pund) mozzarella, strimlet

- 1 ounce Parmigiana, fint revet

- 1 spsk sirupsagtig balsamicoeddike

Vejbeskrivelse

a) Frisk dej på en pizzasten. Drys en pizzaskal let med mel. Tilsæt dejen og form den til en stor cirkel ved at fordybe den med fingerspidserne. Tag den op, hold den i kanten med begge hænder, og drej den langsomt, stræk kanten lidt hver gang, indtil cirklen er omkring 14 tommer i diameter. Sæt den meldrysede side nedad på skrællen.

b) Frisk dej på en pizzabakke. Smør pladen eller bagepladen med lidt olivenolie duppet på et køkkenrulle. Læg dejen i midten af hver fordybning af dejen med fingerspidserne - træk og tryk den derefter, indtil den danner en 14-tommer cirkel på pladen eller et uregelmæssigt rektangel, omkring 12 × 7 tommer, på bagepladen.

c) En bagt skorpe. Læg den på en meldrysset pizzaskræl, hvis du bruger en pizzasten - eller læg den bagte skorpe lige på en pizzabakke.

d) Pak de uskrællede hvidløgsfed ind i en lille aluminiumsfoliepakke og bag eller grill direkte over varmen i 40 minutter.

e) Imens smider du sød kartoffel, fennikel og pastinak i en stor skål med olivenolie og salt.

Hæld skålens indhold ud på en stor bageplade. Placer i ovnen eller over den uopvarmede del af grillen og steg, vend lejlighedsvis, indtil den er blød og sød, 15 til 20 minutter.

f) Overfør hvidløget til et skærebræt, åbn pakken, pas på dampen. Stil også bagepladen med grøntsagerne til side på en rist.

g) Øg ovnens eller gasgrillens temperatur til 450°F, eller tilsæt et par flere kul til kulgrillen for at hæve varmen lidt.

h) Fordel den revne mozzarella over den tilberedte skorpe, og efterlad en 1/2-tommers kant i kanten. Top osten med alle grøntsagerne, pres det kødfulde, bløde hvidløg ud af dets papiragtige skal og på tærten. Top med revet Parmigiana.

i) Skub pizzaen fra skrællen til den varme sten, eller læg pizzaen på dens plade eller bageplade enten i ovnen eller over den uopvarmede del af grillen. Bag eller grill med låget lukket, indtil skorpen er blevet gyldenbrun og endda mørknet en smule i bunden, indtil osten er smeltet og begyndt at brune, 16 til minutter. Frisk dej kan udvikle nogle luftbobler i løbet af de første 10 minutter; især i kanten pop disse med en gaffel for at sikre en jævn skorpe.

j) Skub skrællen tilbage under skorpen for at tage den af den varme sten, eller overfør pizzaen på dens bakke eller bageplade til en rist. Stil til side i 5 minutter. For at holde skorpen sprød, kan det være en god ide at overføre tærten fra skræl, bakke eller melplade lige over på rist for at køle af efter et minut eller deromkring. Når den er afkølet lidt, dryp tærten med balsamicoeddike og skær den derefter i skiver til servering.

21. Pølse og æblepizza

Ingrediens

- Gul majsmel til at støve pizzaskallen eller nonstick-spray til at smøre pizzabakken

- 1 hjemmelavet dej,

- 1 spsk olivenolie

- ounces (1/2 pund) kylling eller kalkunpølse

- 1 spsk groftmalet sennep

- 6 ounce Fontina, strimlet

- 1 lille grønt æble, gerne et syrligt æble

- 2 spsk hakkede rosmarinblade

- 1 1/2 ounce Parmigiana, Pecorino eller Grana Padano, fint revet

Vejbeskrivelse

a) Frisk dej på en pizzasten. Drys en pizzaskal let med majsmel. Tilsæt dejen og form den til en stor cirkel ved at fordybe den med fingerspidserne. Tag den op og form den ved at holde dens kant i begge hænder, drej den langsomt og strække den forsigtigt hele tiden, indtil cirklen er omkring 14 tommer i diameter. Læg dejen med majsmelsiden nedad på skrællen.

b) Frisk dej på en pizzabakke. Smør den ene eller den anden med nonstick-spray. Læg dejen i midten af hver fordybning af dejen med fingerspidserne, indtil det er en tyk, flad cirkel. Træk og tryk den derefter, indtil den danner en 14-tommer cirkel på pladen eller et 12 × 7-tommer uregelmæssigt rektangel på bagepladen.

c) En bagt skorpe. Placer den på en majsmelstøvet pizzaskal, hvis du bruger en pizzasten - eller læg den bagte skorpe på en pizzabakke. Varm en stor stegepande op over medium varme. Rør olivenolien i, og tilsæt derefter pølsen. Kog, vend af og til, indtil de er godt brune på alle sider og gennemstegte. Overfør til et skærebræt og skær i tynde skiver. Fordel sennepen jævnt over den forberedte skorpe, og efterlad en 1/2-tommers kant ved kanten. Top med den revne Fontina, og læg derefter den skårne pølse jævnt over tærten. Stik æbleskiverne mellem pølserne, og drys derefter med en af de hakkede krydderurter og den revne ost.

d) Skub pizzaen fra skrællen til den meget varme sten, hvis du har brugt en pizzabakke eller en bageplade, læg den sammen med tærten i ovnen eller over den uopvarmede del af grillen. Bag eller grill med låget lukket, indtil osten er smeltet og bobler, og skorpen er begyndt at blive gyldenbrun i kanterne, endda en mørkere brun på undersiden, 16 til 18 minutter. Hvis du arbejder med frisk dej, skal du skyde alle luftbobler, der opstår i kanten i løbet af de første 10 minutter af bagning eller grillning.

e) Skub skrællen tilbage under tærten for at tage den af stenen, eller overfør tærten på dens plade eller bageplade til en rist.

22. Shiitake pizza

Ingrediens

- All-purpose mel til pizzaskrællen eller nonstick-spray til pizzabakken

- 1 hjemmelavet dej,

- 8 ounce (1 /2 pund) blød silketofu

- 6 ounce shiitake-svampehætter, stilke fjernet og kasseret, hætter skåret i tynde skiver

- 3 mellemstore spidskål, skåret i tynde skiver

- 2 tsk asiatisk rød chilipasta

- 2 teskefulde hakket skrællet frisk ingefær

- 1 tsk almindelig eller reduceret natrium sojasovs

- 1 tsk ristet sesamolie

Vejbeskrivelse

a) Frisk dej på en pizzasten. Drys en pizzaskal let med mel. Sæt dejen i midten og form dejen til en tyk, flad cirkel ved at fordybe den med fingerspidserne. Tag den op, hold den i kanten med begge hænder, og drej den, stræk den langsomt ud i kanten, indtil cirklen er omkring 14 tommer i diameter. Stil den meldrysset nedad på skrællen.

b) Frisk dej på en pizzabakke. Smør pladen eller bagepladen med nonstick-spray. Læg dejen på enten fordybning af dejen med fingerspidserne - træk og tryk den derefter, indtil den danner en 14-tommer cirkel på pladen eller et uregelmæssigt 12 × 7-tommers rektangel på bagepladen.

c) En bagt skorpe. Læg den på en pizzaskræl, hvis du bruger en pizzasten - eller læg den bagte skorpe lige på en pizzabakke.

d) Behandl tofuen i en foodprocessor udstyret med hakkebladet, indtil den er glat og cremet. Spred ud over den forberedte skorpe, og sørg for, at du efterlader en 1/2-tommers kant ved kanten.

e) Top tofuen med champignonhatte i skiver og spidskål. Drys chilipasta, ingefær, sojasauce og sesamolie jævnt over toppings. Skub tærten fra skrællen til den varme sten, eller læg tærten på dens plade eller bageplade enten i ovnen eller over den uopvarmede del af grillristen.

f) Bag eller grill med låget lukket, indtil skorpen er gyldenbrun og noget fast at røre ved, 16 til 18 minutter. Tjek på frisk dej et par gange for at sikre, at der ikke er luftbobler, især ved kanten, hvis det er tilfældet, pop dem med en gaffel for at sikre en jævn skorpe. Når det er færdigt, skub skrællen tilbage under tærten for at tage den af den varme sten eller overfør tærten på dens plade eller bageplade til en rist. Stil til side til afkøling i 5 minutter før udskæring og servering.

23.   Spinat og Ricotta Pizza

Ingrediens

- Enten universalmel til afstøvning af pizzaskallen
- 1 hjemmelavet dej
- 2 spsk rapsolie
- 3 fed hvidløg, hakket
- 6 ounce' babyspinatblade
- 1/4 tsk revet eller stødt muskatnød
- 1/4 tsk rød peberflager
- 1/2 kop tør hvidvin eller tør vermouth
- 1/4 kop almindelig, fedtfattig eller fedtfri ricotta
- 11/2 ounce Parmigiana, fint revet
- 1/2 tsk salt
- 1/2 tsk friskkværnet sort peber

Vejbeskrivelse

a) Frisk dej på en pizzasten. Drys en pizzaskal let med mel. Tilsæt dejen og form den til en stor cirkel ved at fordybe den med fingerspidserne. Tag den op og form den med dine hænder, hold dens kant, drej langsomt dejen og stræk dens kant, indtil den er omkring 14 tommer i diameter. Sæt dejen med meldrysset nedad på skrællen.

b) Frisk dej på en pizzabakke. Smør pladen eller bagepladen med nonstick-spray. Læg dejen på enten fordybning af dejen med fingerspidserne, indtil det er en tyk, flad cirkel - træk og tryk den derefter, indtil den danner en 14-tommer cirkel på pladen eller et uregelmæssigt 12 × 7-tommers rektangel på bagepladen.

c) En bagt skorpe. Læg den på en pizzaskræl, hvis du bruger en pizzasten - eller læg den bagte skorpe lige på en pizzabakke. Varm en stor stegepande op over medium varme. Rør olien i, tilsæt derefter hvidløg og steg i 30 sekunder. Rør spinat, muskatnød og rød peberflager i lige indtil bladene begynder at visne, og hæld derefter vinen i. Kog under konstant omrøring, indtil spinaten er helt visnet, og stegepanden er næsten tør. Tag gryden af varmen og rør ricotta, revet parmigiana, salt og peber i, indtil det er nogenlunde glat.

d) Fordel spinatblandingen over den forberedte skorpe, efterlad en 1/2-tommers kant i kanten. Skub pizzaen fra skrællen til den varme sten, eller læg pizzaen på dens plade eller bageplade enten i ovnen eller over den uopvarmede del af grillristen.

e) Bag eller grill med låget lukket, indtil fyldet er sat og let brunet, indtil skorpen er noget fast, 16 til 18 minutter. Skub skrællen tilbage under pizzaen for at fjerne den fra den varme sten, eller overfør tærten på dens plade eller bageplade til en rist. Stil til side til afkøling i 5 minutter før udskæring og servering. For at sikre en sprød skorpe skal du overføre tærten fra skræl, plade eller bageplade direkte til rist efter et par minutter.

24. Rucola salat pizza

Ingrediens

- En 16 oz. pakke nedkølet fuldkornspizzadej, eller fuldkornspizzadej
- Majsmel
- 1/3 kop marinara sauce
- 1½ tsk tørret oregano
- 1 kop revet plantebaseret ost
- 2 kopper blandet frisk rucola og babyspinat
- 1½ dl friske cherrytomater (gule), halveret
- ½ mellemstor rød peberfrugt, skåret i tern
- 1 moden medium avocado, skåret i skiver ¼ kop ristede pistacienødder
- 1 spsk balsamicoeddike

Vejbeskrivelse

a) Forvarm ovnen til 350°F. Rul pizzadejen ud, så den passer til en 14-tommer pizzapande eller pizzasten. Drys gryden eller stenen med majsmel og anbring dejen ovenpå. Fordel marinarasaucen på dejen og drys oregano og plantebaseret ost over. Sæt gryden eller stenen i ovnen og bag i 30 til 35 minutter, indtil skorpen er gylden og fast at røre ved.

b) I sidste øjeblik før servering, fjern skorpen fra ovnen og top med rucola og babyspinat, tomater, peberfrugt, avocado og pistacienødder. De grønne vil hurtigt visne. Dryp med eddike og olivenolie. Server straks.

25.   Avocado 'N Everything Pizza

Ingrediens

- 2 kopper kærnemælksbageblanding
- 1/2 kop varmt vand
- 1 dåse (8 ounce) tomatsauce
- 1/4 kop hakket grønne løg
- 1/2 kop revet mozzarellaost
- 1/2 kop champignon i skiver
- 1/3 kop modne oliven i skiver
- 1 lille tomat, skåret i skiver
- 2 spsk olivenolie
- 1 avocado, frøet, skrællet og skåret Friske basilikumblade, valgfri

Vejbeskrivelse

a) Forvarm ovnen til 425F. Rør sammen kærnemælksblanding og vand med gaffel i en lille skål. Klap eller rul ind i 12-tommers cirkel på usmurt bageplade eller pizzapande.
b) Bland sammen tomatsauce og grønne løg fordelt over pizzadejen. Top med ost, champignon,

oliven og tomatskiver. Dryp olivenolie over toppen.
c) Bages 15 til 20 minutter eller indtil kanten af skorpen er gyldenbrun. Tag pizzaen ud af ovnen og anret avocadoskiver ovenpå. Pynt med basilikumblade og server.

26. BBQ kylling pizza

Ingrediens

- 3 udbenede kyllingebrysthalvdele, kogte og skåret i tern
- 1 kop grillsauce med hickory-smag
- 1 spsk honning
- 1 tsk melasse
- 1/3 kop brun farin
- 1/2 bundt frisk koriander, hakket
- 1 (12 tommer) forbagt pizzabund
- 1 kop røget Gouda ost, revet
- 1 kop rødløg i tynde skiver

Vejbeskrivelse

a) Forvarm ovnen til 425F. I en gryde over medium høj varme kombineres kylling, barbeque sauce, honning, melasse, brun farin og koriander. Bring i kog.
b) Fordel kyllingeblandingen jævnt over pizzaskorpen, og top med ost og løg.
c) Bages i 15 til 20 minutter, eller indtil osten er smeltet.

27. BBQ Jordbærpizza

Ingrediens

- 1 pizzadej (forberedt fra købmanden er en stor tidsbesparelse)
- 250 gram (1 kop) boursinost (fine urter og hvidløg)
- 2 spsk balsamico glasur
- 2 kopper skåret jordbær
- 1/3 kop hakket basilikum
- peber efter smag
- 1 spsk olivenolie til at dryppe af
- barberet parmesan til pynt

Vejbeskrivelse

a) Tilbered pizzabund på BBQ (høj varme) eller i ovnen.
b) Fjern fra varmen og fordel med urteflødeost.
c) Drys på med basilikum og jordbær. Dryp med olivenolie og balsamicoglasur og pynt med peber (efter smag) og barberet parmesan

28.   Broccoli Deep Dish Pizza

Ingrediens

- 1 pakke tørgær
- 1 1/3 c varmt vand
- 1 t sukker
- 3 1/2 c ubleget mel
- 1 c kagemel
- 1 1/2 t salt
- 1 c plus 2 T olivenolie
- 3 t hakket hvidløg
- (1) 15-oz dåse tomatsauce
- (1) 12-oz dåse tomatpasta
- 2 t oregano
- 2 t basilikum
- 2 c champignon i skiver Salt og peber
- 1 lb. italiensk pølse (varm eller sød)
- 1/2 t knuste fennikelfrø
- 2 T smør

- 8 c blancheret, groft hakket broccoli
- 1 T afkortning
- 3 1/2 c revet mozzarellaost
- 1/2 c revet parmesanost

Vejbeskrivelse

a) Opløs gær i varmt vand og rør sukker i. Bland mel og salt, og tilsæt gradvist den opløste gær og 1/4 kop af olien. Ælt indtil konsistensen er glat. Kom i en stor skål, dæk med plastfolie, og lad hæve indtil tredobbelt i bulk (2-3 timer).

b) Forbered imens fyldet. Opvarm 1/4 kop af olien i en sauterpande, tilsæt 2 t hvidløg og steg i 30 sekunder (uden at brune.) Rør tomatsaucen og pastaen i, lad det simre, indtil det er tyknet. Rør basilikum og oregano i, stil til afkøling.

c) Hoved 2 T af olien og svits champignonerne, indtil de er let brune, og væsken er fordampet. Smag til, og stil til afkøling.

d) Fjern og kassér tarmene fra pølsen, smuldr og kom pølsen i gryden sammen med fennikel. Kog grundigt, fjern og afkøl. Varm smørret og 2 T af olien op ved 1 t hvidløg og rør i 30 sekunder. Rør broccolien i, indtil den er godt belagt, og eventuel væske er fordampet. Sæt til side efter smag.

e) Når dejen er hævet, slås den ned. Skær cirka 2/5 af det af og stil til side. Smør en 14 x 1 1/2" dyb tallerken pizzapande med fedtstoffet. På et meldrysset bord rulles 3/5 af dejen ud til en 20" cirkel. Tilpas til panden, lad den overskydende dej hænge ud over siden. Pensl dejen med 1 T af olien drys med salt. Drys 1 c af mozzarellaen over dejen.

f) Fordel tomatsaucen over osten, fordel svampene over tomaterne og dæk med 1 c mozzarella.

g) Rul den resterende dej ud til cirka en 14" cirkel. Pensl siderne af dejen inde i gryden med vand. Sæt den 14" runde i gryden.

h) Tryk kanter (træk evt.) mod den fugtede dej for at forsegle den. Skær den overhængende dej til 1/2" og fugt den igen.

i) Fold indad og krymp for at danne en hævet kant rundt om grydens kant. Skær en dampventil i det øverste lag af dejen, og pensl med 1 T af olien. Fordel pølsen ud over dejen og dæk med broccoli.
j) Kombiner de resterende oste og drys over broccolidryp med 1/4 c olie.
k) Bages i en forvarmet 425 graders ovn i 30-40 minutter. Fryser godt.

29.   Buffalo Chicken Pizza Pies

Ingrediens

- En 12-ounce pakke engelske muffins af fuldhvede (6 muffins)

- 1 medium orange peberfrugt, skåret i $\frac{1}{4}$-tommers terninger (ca. 1 $\frac{1}{4}$ kopper)

- 1 spsk rapsolie

- 12 ounce udbenet, skindfri kyllingebrysthalvdele, skåret i $\frac{1}{2}$-tommers terninger

- En halv kop pastasauce

- 1 spsk Buffalo sauce

- 1 spsk blåskimmelostdressing

- 1 til 1 $\frac{1}{2}$ kopper revet, delvist skummet mozzarellaost

Vejbeskrivelse

a) Forvarm ovnen til 400°F. Skær de engelske muffins i halve og læg dem på en bageplade. Rist i ovnen i cirka 5 minutter. Fjern og sæt til side. Opvarm olien i en stor nonstick-gryde over medium-høj varme. Tilsæt peberfrugten og kog under jævnlig omrøring, indtil den er mør, cirka 5 minutter.

b) Tilsæt kyllingen og kog indtil den ikke længere er lyserød, 3 til 5 minutter. Rør pastasauce, bøffelsauce og blåskimmelostdressing i og bland godt.

c) For at samle pizzaerne toppes hver muffinhalvdel jævnt med kyllingeblandingen. Drys osten jævnt over toppen af hver. Bag indtil osten smelter, cirka 5 minutter.

30.   Californien pizza

Ingrediens

- 1 kop olivenolie
- 2 kopper friske basilikumblade
- 2 fed hvidløg, hakket
- 3 spsk pinjekerner
- 1/2 kop friskrevet parmesanost
- 1 løg, skåret i tynde skiver
- 1 sød rød peberfrugt, frøet og skåret i strimler
- 1 grøn peberfrugt, udsået og skåret i strimler
- 2 spsk olivenolie
- 1 spsk vand
- 1/2-pund hvidløg og fennikelpølse eller sød italiensk pølse 3 ounces gedeost
- 10 ounce Mozzarella ost, groft revet
- 2 spsk friskrevet parmesanost
- 2 spsk majsmel

Rutevejledning:

a) Tilbered dejen Opløs gæren i vand og stil den til side. Bland mel, salt og sukker i en skål. Lav en "brønd" i midten, hæld gæropløsning og olivenolie i. Blend melet i med en gaffel.

b) Efterhånden som dejen bliver stiv, tilsæt resten af melet i hånden. Saml til en kugle og ælt otte til ti minutter på et meldrysset bord. Læg i en oliebelagt skål, dæk med et fugtigt klæde og lad hæve et lunt, trækfrit sted, indtil det er fordoblet i størrelse, cirka to timer.

c) Tilbered pestosauce med en blender eller foodprocessor. Bland alt undtagen ost. Bearbejd, men lav ikke en puré. Rør ost i. Sæt side. Svits løg og peberfrugt i en spiseskefuld olivenolie og vand i en stor stegepande ved middel varme. Rør jævnligt, indtil peberfrugterne er bløde. Dræn og sæt til side. Brun pølse, brækkes i stykker, mens den koges. Dræn overskydende fedt fra. Hak groft og stil til side.

d) Forvarm ovnen til 400 grader. Fordel den resterende olivenolie jævnt over en 12-- tommer pizzapande. Drys med majsmel.

Slå pizzadejen ned, flad let med en kagerulle, vend og flad med fingrene. Læg dejen i gryden og fordel den til kanterne med fingerspidserne. Bag fem minutter. Fordel pesto sauce over dejen. Smuldr gedeost jævnt over pesto.
Tilsæt løg og peberfrugt, pølse og oste. Bages i 10 minutter, eller indtil skorpen er let brun og osten er boblende.

31. Karameliseret løgpizza

Ingrediens

- 1/4 kop olivenolie til stegning af løg
- 6 kopper tyndt skåret løg (ca. 3 pund)
- 6 fed hvidløg
- 3 spsk. frisk timian eller 1 spsk. tørret timian
- 1 laurbærblad
- salt og peber
- 2 spsk. olie til at dryppe oven på pizza (valgfrit)
- 1 spsk. drænede kapers
- 1-1/2 spsk. pinjekerner

Rutevejledning:

a) Varm 1/4 kop olivenolie op og tilsæt løg, hvidløg, timian og laurbærblad. Kog, under omrøring af og til, indtil det meste af fugten er fordampet, og løgblandingen er meget blød, næsten glat og karamelliseret, cirka 45 minutter. Kassér laurbærbladet og krydr med salt og peber.

b) Dæk dejen med løgblandingen, drys med kapers og pinjekerner, og dryp med resterende olivenolie, hvis du bruger den.

c) Bages i forvarmet 500 graders ovn i 10 minutter eller indtil de er gyldenbrune. Bagetiden vil variere alt efter om du bager på en sten, en skærm eller i en pande.

d) Sørg for, at din ovn er godt forvarmet, før du sætter pizza i.

32. Ost Calzone

Ingrediens

- 1lb. ricottaost
- 1 kop revet mozzarella
- knivspids sort peber
- NY stil pizzadej
- Forvarm ovnen til 500F.

Rutevejledning:

a) Tag en 6 oz. dejkugler og læg dem på meldrysset overflade. Spred, med fingerspidser, til en 6-tommer cirkel. Placer 2/3 kop ost
b) bland på den ene side og fold over den anden side. Forsegl med fingerspidser og sørg for, at der ikke er osteblanding i forseglingen. Klem kanten sammen for at sikre en tæt forsegling. Dup calzone til ensartet fyldning indeni. Tjek tætningen igen for utætheder. Gentag med de andre.

c) Læg calzones på en let smurt bageplade. Skær en 1 tomme slids i toppen af hver til udluftning under bagning. Sæt i midten af ovnen og bag i 10-12 minutter eller indtil de er gyldenbrune. Server med din yndlings tomatsauce, opvarmet, enten på toppen eller ved siden af til dypning.

33. Cherry Mandel Pizza

Ingrediens

- Dej
- 2 æggehvider
- 125 g (4 oz - 3/4 kop) malede mandler
- 90 g (3 oz - 1/2 kop) strøsukker få dråber mandelessens
- 750 g (1 1/2 lb.) krukke Morellokirsebær i juice
- 60 g (2 oz - 1/2 kop) mandler i flager
- 3 spsk MorelOo kirsebærmarmelade flormelis til aftørring
- flødeskum, til pynt

Vejbeskrivelse

a) Forvarm ovnen til 220C (425F. Gas 7)
b) I en skål piskes let æggehvider. Rør malede mandler, flormelis og mandelessens i. Fordel blandingen jævnt over pizzabunden.

c) Dræn kirsebærene, behold saften. Hæld pizzaen over, og reserver et par stykker til pynt. Drys med flager af mandler og bag i ovnen i 20 minutter, indtil dejen er sprød og gylden.
d) I mellemtiden, i en gryde, opvarme reserveret juice og marmelade indtil sirupsagtig. Drys kogt pizza med flormelis og pynt med flødeskum og reserverede kirsebær.

34. Chicago stil pizza

Ingrediens

- 1 kop pizzasauce
- 12 oz. Revet mozzarellaost
- 1/2 lb. Hakket oksekød, smuldret, kogt
- 1/4 lb. Italiensk pølse, smuldret, kogt
- 1/4 lb. Svinekødspølse, smuldret, kogt
- 1/2 kop Pepperoni, skåret i tern
- 1/2 kop canadisk bacon i tern
- 1/2 kop skinke i tern
- 1/4 lb. Svampe, skåret i skiver
- 1 lille løg, skåret i skiver
- 1 grøn peberfrugt, frøet, skåret i skiver
- 2 oz. Revet parmesanost

Vejbeskrivelse

a) Til dejen, drys gær og sukker i varmt vand i en lille skål, lad det stå, indtil det er skummende, cirka 5 minutter.

b) Bland mel, majsmel, olie og salt i en stor skål lav en brønd i midten og tilsæt gærblanding. Rør til en blød dej, tilsæt mere mel, hvis det er nødvendigt. Vend på et meldrysset bord og ælt indtil dejen er smidig og elastisk, 7 til 10 minutter. Overfør til en stor skål, dæk til og lad hæve et lunt sted, indtil dejen er fordoblet, cirka 1 time. Slå ned.
c) Rul dejen til en 13-tommer cirkel. Overfør til en olieret 12-tommer pizzapande, fold det overskydende over for at lave en lille kant. Smør med pizzasauce og drys med alt på nær en håndfuld mozzarellaost. Drys med kød og grøntsager. Top med resterende mozzarella og parmesanost. Lad hæve et lunt sted i cirka 25 minutter.
d) Forvarm ovnen til 475 grader. Bag pizzaen, indtil skorpen er gylden, cirka 25 minutter. Lad stå 5 minutter før udskæring.

35. Deep-Dish Pizza

Ingrediens

- Nonstick madlavningsspray, til sprøjtning af slow cooker-indsatsen
- 8 ounce tilberedt pizzadej (hvis den er nedkølet, lad den hæve i en oliesmurt skål til
- 2 timer)
- 8 ounces skåret (ikke revet) mozzarellaost
- 8 ounce tynde skiver pepperoni, helst sandwich størrelse
- 1/2 kop købt pizzasauce
- 1 spsk revet parmesan
- 6 friske basilikumblade, skåret i chiffonade
- Knib knust rød peber

Vejbeskrivelse

a) Forvarm slow cookeren på høj i 20 minutter. Spray indsatsen med nonstick madlavningsspray.
b) På en ren overflade stræk, rul og form dejen til nogenlunde samme form som slow cooker-indsatsen. Målet er en fin, tynd skorpe. Læg i komfuret og fordel evt. Kog på høj, UUDÆKKET, i 1 time uden toppings.
c) Hæld mozzarellaskiverne over dejen og op ad siderne omkring 1 tomme over skorpen. Overlap hver skive, flyt i en cirkel med uret, indtil omkredsen er dækket. Læg eventuelt 1 skive mere for at dække det tomme sted i midten. Bland et lag pepperoni på samme måde, som du gjorde osten.
d) Følg med et lille lag af pizzasaucen.
e) Drys med parmesan.
f) Kog ved høj temperatur, indtil den osteagtige skorpe er mørk og karamelliseret og bunden er fast og brun, yderligere en time. Tag forsigtigt ud af slowcookeren med en spatel.
g) Pynt med basilikum og stødt rød peber.

36. Hollandsk ovnpizza

Ingrediens

- 2 stk. halvmåne ruller
- 1 krukke pizzasauce
- 1 1/2 lb. hakket oksekød
- 8 oz revet cheddarost
- 8 oz revet mozzarellaost
- 4 oz pepperoni
- 2 tsk oregano
- 1 tsk hvidløgspulver
- 1 tsk løgpulver

Vejbeskrivelse

a) Brun hakkebøf, afdryp. Foret hollandsk ovn med 1 stk. halvmåne ruller. Fordel pizzasauce på dejen.
b) Tilsæt hakkebøf, pepperoni, og drys oregano, hvidløgspulver og løgpulver ovenpå. Tilsæt oste og brug anden pk. halvmåneruller for at danne topskorpe.
c) Bages 30 minutter ved 350 grader. Andre såsom hakket grøn peber, hakket

37. Æggesalat pizzakogler

Ingrediens

- 1/4 kop cremet italiensk salatdressing med lavt fedtindhold på flaske
- 1/2 tsk italiensk krydderi, knust
- 6 hårdkogte æg, hakket
- 1/4 kop hakkede grønne løg med toppe
- 1/4 kop hakket pepperoni
- 6 almindelige iskugler
- Hakkede svampe, grøn peberfrugt, sorte oliven efter ønske
- 3/4 kop pizzasauce
- 2 spsk revet parmesanost

Vejbeskrivelse

a) I en mellemstor skål røres dressing og krydderier sammen. Rør æg, løg og pepperoni i. Dæk til og stil på køl indtil servering.

b) For at servere skal du øse omkring 1/3 kop af blandingen i hver kegle. Top med cirka 2 spsk pizzasauce og svampe, peberfrugt og oliven efter ønske. Drys hver med cirka 1 tsk ost.

38. Figen, taleggio og radicchio pizza

Ingrediens

- 3 tørrede Mission figner
- ½ kop tør rødvin
- 2 spiseskefulde rå valnøddestykker'
- Mel til alle formål
- 1 (6 oz.) kugle ikke-æltet pizzadej
- 2 spsk ekstra jomfru olivenolie
- ½ lille hoved radicchio, strimlet (ca. ¼ kop)
- 2 oz. Taleggio eller en anden skarp ost, skåret i små stykker

Vejbeskrivelse

a) Forvarm slagtekyllingen med stativsættet 5 tommer fra elementet eller flammen. Hvis du bruger en støbejernsgryde eller stegepande til pizzaen, skal du sætte den over medium-høj varme, indtil den bliver rygende varm, cirka 15 minutter.

b) Overfør stegepanden (vendt på hovedet) eller stegepanden til slagtekyllingen.

c) Kom figner i en lille stegepande ved middel varme, hæld vinen i og bring det i kog. Sluk for varmen og lad fignerne trække i mindst 30 minutter. Dræn, og skær derefter i ½ tomme stykker. Rist valnøddestykkerne i en tør stegepande over medium-høj varme, 3 til 4 minutter. Overfør til en tallerken, lad afkøle, og hak derefter groft.
d) For at forme dejen, drys en arbejdsflade med mel og læg dejkuglen på den. Drys med mel og ælt et par gange, indtil dejen er samlet. Tilsæt evt mere mel. Form den til en 8 tommer runde ved at trykke fra midten ud mod kanterne og efterlade en 1-tommers kant tykkere end resten.
e) Åbn ovndøren, og skub hurtigt risten ud med kogefladen på. Tag dejen op og overfør den hurtigt til kogefladen, pas på ikke at røre ved overfladen.
f) Dryp 1 spiseskefuld olie på dejen, fordel valnøddestykkerne ovenpå, derefter radicchio, derefter hakkede figner og derefter ost. Skub risten tilbage i ovnen og luk lågen. Steg pizza, indtil skorpen er pustet op rundt om kanterne, pizzaen er blevet sort i pletter, og osten er smeltet, 3 til 4 minutter.

g) Fjern pizzaen med en træ- eller metalskræl eller en firkant af pap, overfør den til et skærebræt og lad den hvile et par minutter. Dryp den resterende 1 spsk olie ovenpå, skær pizzaen i kvarte, kom den over på en tallerken og spis.

39. Frosset Peanut Butter Pizza Pie

Ingrediens

- 2 tynde dej 12-tommer dejskaller
- 2 spsk smør, blødgjort
- 18 oz. pakke flødeost, blødgjort
- 1 kop cremet jordnøddesmør, blødgjort
- 1 1/2 kopper pulveriseret sukker
- 1 kop mælk
- 1 12-oz. pakke Cool Whip
- chokolade sirup

Vejbeskrivelse

a) Forvarm ovnen til 400°F.
b) Pensl toppe og rande af pizzaskaller med smør, læg dem på midterste ovnrist og bag dem i 8 minutter. Fjern og afkøl på rist.
c) Pisk flødeost og jordnøddesmør i en stor elektrisk røremaskine, og tilsæt derefter pulveriseret sukker i tre portioner, skiftevis med mælken.

d) Fold den optøede Cool Whip i, og fordel derefter blandingen over de afkølede pizzaskorper.
e) Frys til den er fast. Server pizzaerne kolde, men ikke frosne. Lige inden servering dryppes med chokoladesirup.

40.   Grille super pizza

Ingrediens

- ¼ kop marinara sauce
- ¼ kop hakket frisk spinat
- ¼ kop revet mozzarella
- ¼ kop kvarte cherrytomater
- 1/8 tsk oregano

Vejbeskrivelse

a) Pisk mel, vand, olie og salt sammen til det er glat.
b) Hæld dejen på en varm bageplade dugget med madlavningsspray.
c) Varm hver side i 4-5 minutter (indtil skorpen begynder at blive brun).
d) Vend skorpen igen og top med marinara sauce, spinat, ost, tomat og oregano.
e) Varm i 3 minutter, eller indtil osten smelter.

41. Grillet pizza

Ingrediens

- 1 tsk tørret gær
- 1 spsk sojaolie
- 1 tsk sukker
- $\frac{1}{2}$ kop varmt vand (110°F)
- 1$\frac{1}{2}$ kop brødmel
- 1 spsk sojamel
- 1 tsk salt

Vejbeskrivelse

a) Kombiner gær, sukker og $\frac{1}{2}$ kop meget varmt vand i skålen, lad det sidde i fem minutter. Bland mel og salt i skålen. Bland gærblanding med skål indeholdende tør. Tilsæt lidt ekstra mel, hvis dejen er klistret. Ælt i godt 10 minutter.

b) Kom i en smurt skål og lad hæve i 60 minutter, indtil den fordobles i størrelse. Vend ud på en meldrysset overflade og ælt let, indtil den er glat.

Rul ud til en $\frac{1}{4}$" tyk cirkel med 12" diameter. Jo tyndere dejen rulles, jo bedre.

c) Før du placerer din skorpe på grillen, skal du sikre dig, at din grill er både ren og godt olieret. Dette vil hjælpe med at forhindre, at dejen klæber til grillen. Du skal bruge noget stort nok til at transportere din dej til grillen. En pizzaspatel kan varmt anbefales til denne opgave. Børst et jævnt lag ekstra jomfruolivenolie på den side, der vender nedad først. Olien vil introducere smag og hjælpe med at forhindre dejen i at klæbe til grillen samt give skorpen en dejlig sprød finish.

d) Før du placerer din pizza på grillen, kan det være en god ide at fjerne det øverste rille på din grill for at gøre det nemmere at vende din pizza.

e) Tilbered den første side fra 1-3 minutter før vending afhængigt af varmen på din grill. I løbet af denne tid skal du børste olivenolie på den side, der vender opad. Mens du tilbereder den første side, skal du toppe under kanten af skorpen for at overvåge dens finish.

f) Kog til du er tilfreds med finishen, og vend derefter skorpen om. Efter vending, påfør straks enhver topping, som du ønsker. Det anbefales stærkt, at du holder toppingen meget let, da de ikke vil have en chance for at tilberede på grillen uden at brænde skorpen. Du kan overveje at forkoge visse såsom kød og tykke grøntsager. Sørg for at sænke låget så hurtigt som muligt for at fange varmen og færdiggøre tilberedningen.

g) Kog pizzaen i yderligere 2-3 minutter, eller indtil du er tilfreds med skorpenes finish.

42. Grillet hvid pizza med Soppressata

Ingrediens

- Dej

- 1 kop olivenolie

- 6 fed knuste hvidløgsfed

- 2 fed hakket hvidløg

- 1 kop sødmælksricotta

- 1 tsk hakket frisk timian

- 2 tsk plus 1 spsk hakket frisk oregano, hold adskilt 1/2 kop olivenolie

- 4 kopper revet mozzarella

- 1 kop revet parmesan

- 6 ounce Soppressata eller anden saltet salami, skåret i tynde skiver

- 4 ounce' kirsebærpeber (krukke), drænet og revet i stykker

- Kosher salt og friskkværnet sort peber Majsmel (groft malet), efter behov

Vejbeskrivelse

a) Forvarm ovnen til 150°F eller til den laveste indstilling. Når ovnen når temperaturen, sluk ovnen. Hæld vandet i arbejdsskålen på en foodprocessor eller ståmixer (begge skal have dejfastgørelse). Drys olie, sukker og gær over vandet og pulsér flere gange, indtil det er blandet. Tilsæt mel og salt og kør indtil blandingen er samlet. Dejen skal være blød og let klistret. Hvis det er meget klistret, tilsæt mel 1 spsk ad gangen, og pulsér kort. Hvis den stadig er for stiv, tilsæt 1 spsk vand og pulsér kort. Bearbejd yderligere 30 sekunder.

b) Vend dejen ud på en let meldrysset arbejdsflade. Ælt det i hånden til en glat, rund kugle. Kom dejen i en stor, ren skål, der er belagt med olivenolie, og dæk den tæt med plastfolie. Lad den hæve 15 minutter i ovnen, inden du fortsætter.

c) I en lille gryde tilsættes 1 kop olivenolie med de 6 fed knuste hvidløg. Bring det i kog, og tag derefter af varmen, så hvidløget kan trække olien og køle af. I en lille skål kombineres ricotta, 2 fed hakket hvidløg, hakket timian og 2 teskefulde hakket oregano. Tag dejen ud af ovnen, slå den ned og vend den ud på en let meldrysset arbejdsflade. Del dejen i fire 4-tommer kugler. Placer pizzasten på grillen og forvarm gasgrillen til høj.

d) Drys let arbejdsfladen med $\frac{1}{4}$ kop majsmel. Rul eller stræk 1 rund dej forsigtigt til et 12" rektangel eller cirkel, $\frac{1}{4}$" tyk. Pensl med cirka 2 spsk olivenolie. Drys pizzaskræl med majsmel og skub derefter dejen rundt på den. Placer toppings på dejen i denne rækkefølge. pensl med hvidløgsolie, dryp derefter med urtede ricotta, og top med mozzarella, parmesan, Soppressata og kirsebærpeber.

e) Skub pizzaen på den varme pizzasten med pizzaskræl. Luk låget så hurtigt som muligt. Grill i cirka 5-7 minutter, eller indtil bunden af skorpen er godt brunet, toppingen er varm og osten er boblende, cirka 5 til 10 minutter.

43. Grillet grøntsagspizza

Ingrediens

- 1 kop lunkent vand (ca. 100 grader F)
- ¼ kop olivenolie 1 ½ tsk honning
- 1 kuvert hurtighævende gær
- 3 kopper universalmel, plus ekstra efter behov
- 1 ½ tsk kosher salt.

Vejbeskrivelse

a) Forvarm ovnen til 150 grader eller til laveste indstilling. Når ovnen når temperaturen, sluk ovnen. Hæld vandet i arbejdsskålen på en foodprocessor eller ståmixer (begge skal have dejfastgørelse). Drys olie, sukker og gær over vandet og pulsér flere gange, indtil det er blandet. Tilsæt mel og salt og kør indtil blandingen er samlet. Dejen skal være blød og let klistret. Hvis det er meget klistret, tilsæt mel 1 spsk ad gangen og pulsér kort. Hvis den stadig er for stiv, tilsæt 1 spsk vand og pulsér kort. Bearbejd yderligere 30 sekunder.

b) Vend dejen på en let meldrysset arbejdsflade og ælt den i hånden til en glat, rund kugle. Kom dejen i en stor, ren skål, der er belagt med olivenolie, og dæk den tæt med plastfolie. Lad den hæve 15 minutter i ovnen, inden du fortsætter. Tag dejen ud af ovnen, slå den ned og vend den ud til en let meldrysset arbejdsflade.
c) Del dejen i fire 4-tommer kugler, og fortsæt med pizzafremstillingsinstruktioner.

44. Mozzarella, rucola og citron pizza

Ingrediens

- 1 pizzadej
- 2 kopper tomatpuré
- 1 fed hvidløg, knust
- 1 tsk tørret oregano
- 1 tsk tomatpure
- ½ tsk salt
- Kværnet sort peber
- ¼ tsk rød peberflager
- 2 kopper revet mozzarellaost
- ½ kop revet Parmigiana
- Valgfrit men rigtig fint
- ½ bundt (ca. 2 kopper) rucola, renset og tørret
- ½ citron
- Et skvæt olivenolie

Vejbeskrivelse

a) Hæld tomatpuréen i en mellemstor gryde og varm op ved middel varme. Tilsæt hvidløg, oregano og tomatpure. Rør rundt for at sikre, at pastaen er blevet absorberet i puréen.

b) Bring det i kog (dette hjælper saucen med at reducere lidt), og sænk derefter varmen og rør rundt for at sikre, at saucen ikke klistrer. Saucen kan være klar på 15 minutter eller kan simre i længere tid, op til $\frac{1}{2}$ time. Det vil reducere med omkring en fjerdedel, hvilket giver dig mindst $\frac{3}{4}$ kop puré pr. pizza.

c) Smag til efter salt og krydr derefter, og tilsæt sort peber og/eller rød peberflager. Fjern hvidløgsfeddet.

d) Hæld saucen ind i midten af dejcirklen, og fordel den med en gummispatel, indtil overfladen er helt dækket.

e) Placer mozzarellaen (1 kop pr. 12-tommer pizza) oven på saucen. Husk, at osten spreder sig, når den smelter i ovnen, så bare rolig, hvis det ser ud som om, din pizza ikke er rigeligt dækket af ost.

f) Placer i en forvarmet 500°F ovn og bag som anvist til pizzadejen.

g) Når pizzaen er færdig, pyntes den med Parmigiana og rucola (hvis du bruger). Pres citronen ud over det grønne og/eller dryp med olivenolie, hvis du ønsker det.

45. Mexicansk pizza

Ingrediens

- 1/2 lb. hakket oksekød
- 1/2 tsk salt
- 1/4 tsk tørret hakket løg
- 1/4 tsk paprika
- 1-1/2 tsk chilipulver
- 2 spsk vand
- 8 små (6-tommer diameter) mel tortillas
- 1 kop Crisco matfett eller madolie
- 1 (16 oz.) dåse refried bønner
- 1/3 kop hakket tomat
- 2/3 kop mild picante salsa
- 1 kop revet cheddarost
- 1 kop revet Monterey Jack ost
- 1/4 kop hakkede grønne løg
- 1/4 kop skiver sorte oliven

Vejbeskrivelse

a) Kog hakkebøffen ved middel varme, indtil den er brun, og dræn derefter det overskydende fedt fra gryden. Tilsæt salt, løg, paprika, chilipulver og vand, og lad blandingen simre ved middel varme i cirka 10 minutter. Rør ofte.

b) Opvarm olie eller Crisco-fette i en stegepande over medium-høj varme. Hvis olien begynder at ryge, er den for varm. Når olien er varm, steges hver tortilla i cirka 30-45 sekunder på hver side og lægges til side på køkkenrulle.

c) Når du steger hver tortilla, skal du sørge for at sprænge eventuelle bobler, der dannes, så tortillaen ligger fladt i olie. Tortillas skal blive gyldenbrune. Varm refried bønner op i en lille pande over komfuret eller i mikrobølgeovnen.

d) Forvarm ovnen til 400F. Når kødet og tortillaerne er færdige, skal du stable hver pizza ved først at sprede omkring 1/3 kop refried bønner på forsiden af en tortilla. Spred derefter 1/4 til 1/3 kop kød, derefter en anden tortilla.

e) Beklæd dine pizzaer med to spiseskefulde salsa på hver, del derefter tomaterne op og stable dem ovenpå. Del derefter ost, løg og oliven op i den nævnte rækkefølge.

f) Sæt pizzaerne i din varme ovn i 8-12 minutter, eller indtil osten på toppen er smeltet. Laver 4 pizzaer.

46. Mini Pizza Bagels

Ingrediens

- Mini Bagels
- Pizza Sauce
- Revet mozzarella ost

Vejbeskrivelse

a) Forvarm ovnen til 400
b) Del bagels i to, fordel sauce jævnt på hver halvdel, drys ost.
c) Bag 3-6 minutter, eller indtil osten er smeltet efter din smag.

47.   Muffuletta pizza

Ingrediens

- 1/2 kop finthakket selleri
- 1/3 kop hakkede pimento-fyldte grønne oliven
- 1/4 kop hakket pepperoncini
- 1/4 kop hakkede cocktailløg
- 1 fed hvidløg, hakket
- 3 spiseskefulde ekstra jomfru olivenolie
- 2 tsk tør italiensk salatdressing blanding
- 3 oz. tynde skiver deli skinke/salami, skåret i tern
- 8 oz. revet provolone ost
- 2 12" ukogte dejskorper
- ekstra jomfru oliven olie

Vejbeskrivelse

a) Bland de første 7 til marineret olivensalat og afkøl natten over.

Kombiner oliven salat, skinke og ost. Top den ene dejskorpe med 1/2 af blandingen. Dryp med olie. Bages i forvarmet 500° F ovn til

b) 8-10 minutter eller indtil skorpen er gyldenbrun og osten er smeltet. Tag den ud af ovnen og afkøl på en rist i 2-3 minutter, inden den skæres i skiver og serveres.

c) Gentag med anden dejskorpe.

48. Pan pizza

Ingrediens

- Dej

- 2 spsk olivenolie

- 1 fed hvidløg, pillet og hakket

- 2 spsk tomatpure

- Knip chiliflager efter smag

- 128-ounce dåse hakkede eller knuste tomater

- 2 spsk honning, eller efter smag

- 1 tsk kosher salt, eller efter smag

Vejbeskrivelse

a) Bland mel og salt i din største røreskål. I en anden røreskål kombineres vand, smør, olivenolie og gær. Bland godt.
b) Brug en gummispatel til at skabe en brønd i midten af melblandingen, og tilsæt væsken fra den anden skål til den, rør med spatelen og skrab ned i siderne af skålen for at samle det hele.

c) Bland det hele sammen, indtil det er en stor, pjusket kugle af våd dej, dæk med plastfolie og lad det sidde i 30 minutter.

d) Afdæk dejen, og ælt den med melede hænder, indtil den er ensartet glat og klistret, cirka 3 til 5 minutter. Flyt dejkuglen over i en ren røreskål, dæk med plastfolie og lad den hæve i 3 til 5 timer ved stuetemperatur, og sæt den derefter på køl i mindst 6 timer og op til 24 timer.

e) Den morgen du vil lave pizzaerne, tag dejen ud af køleskabet, del i 3 lige store stykker (ca. 600 gram hver) og form dem til aflange kugler. Brug olivenolie til at smøre tre 10-tommer støbejernsgryder, 8-tommer-x-10-tommer bradepander med høje sider, 7-tommer-x-11-tommer glasfade eller en kombination heraf, og placer kuglerne ind i dem.

f) Dæk med plastfolie, og lad hæve ved stuetemperatur, 3 til 5 timer. blandingen er blank og lige begyndt at karamellisere.

g) Lav saucen. Stil en gryde over medium-lav varme, og tilsæt 2 spsk olivenolie. Når olien skinner, tilsæt det hakkede hvidløg og kog under omrøring, indtil det er gyldent og aromatisk, cirka 2 til 3 minutter.

h) Tilsæt tomatpuré og et nip chiliflager, og hæv varmen til medium. Kog, omrør ofte

i) Tilsæt tomaterne, bring det i kog, sænk derefter varmen og lad det simre i 30 minutter under omrøring af og til.

j) Tag sauce af varmen, og rør honning og salt i efter smag, blend derefter i en stavblender eller lad det køle af og brug en almindelig blender. (Sovsen kan laves i forvejen og opbevares i køleskab eller fryser. Den rækker til 6 eller deromkring tærter.)

k) Efter ca. 3 timer er dejen næsten fordoblet i størrelse. Stræk dejen meget forsigtigt ud til siderne af panderne, og fordyb den blødt med fingrene. Dejen kan derefter hvile i yderligere 2 til 8 timer, dækket med wrap.

l) Lav pizzaerne. Forvarm ovnen til 450. Træk forsigtigt dejen ud til kanterne af panderne, hvis den ikke allerede er hævet til kanterne. Brug en ske eller slev til at lægge 4 til 5 spiseskefulde sauce på dejen, og dæk den forsigtigt helt. Drys mozzarellaen med lavt fugtindhold på tærterne, og prøv dem derefter med frisk mozzarella og pepperoni efter smag. Drys med oregano og pisk med lidt olivenolie.

m) Placer pizzaerne på den midterste rille i ovnen på en stor bageplade eller plader for at fange spild, og kog derefter i 15 minutter eller deromkring. Brug en offset spatel til at løfte pizzaen og tjekke bundene.

n) Pizzaen er færdig, når skorpen er gylden, og osten er smeltet og begynder at brune på toppen, cirka 20 til 25 minutter.

49. Pepperoni Pizza Chili

Ingrediens

- 2 pund hakket oksekød
- 1 pund Hot Italiensk Pølse Links
- 1 stort løg, hakket
- 1 stor grøn peberfrugt, hakket
- 4 fed hvidløg, hakket
- 1 krukke (16 ounce) salsa
- 1 dåse (16 ounce) varme chilibønner, udrænet
- 1 dåse (16 ounce) kidneybønner, skyllet og drænet
- 1 dåse (12 ounce) pizzasauce
- 1 pakke (8 ounce) skåret pepperoni, halveret
- 1 kop vand
- 2 tsk chilipulver
- 1/2 tsk salt
- 1/2 tsk peber

- 3 kopper (12 ounce) revet del skummet mozzarellaost

Vejbeskrivelse

a) Tilbered oksekød, pølse, løg, grøn peber og hvidløg i en hollandsk ovn ved middel varme, indtil kødet ikke længere er lyserødt; afdryp.
b) Rør salsa, bønner, pizzasauce, pepperoni, vand, chilipulver, salt og peber i. Bring i kog. Reducer varmen; dæk til.

50. Pesto pizza

Ingrediens

- 1 1/2 kopper (pakkede) stilkede spinatblade

- 1/2 kop (pakket) friske basilikumblade (ca. 1 bundt)

- 1 1/2 spsk olie fra oliefyldte soltørrede tomater eller olivenolie

- 1 stort fed hvidløg

- Olivenolie

- 1 12 tommer NY Style dejskal

- 1/3 kop skåret drænet oliepakkede soltørrede tomater 2 kopper revet mozzarellaost (ca. 8 ounces)

- 1 kop revet parmesanost

Vejbeskrivelse

a) Blend de første 4 i processoren til groft puré. Overfør pesto til en lille skål. (Kan tilberedes 1 dag i forvejen. Tryk plastik direkte på overfladen af pestoen for at dække køleskabet.) Forvarm ovnen til 500F. Smør 12-tommer pizzapande med olivenolie.

b) Arranger dejen i gryden og fordel al pesto over dejen. Drys med soltørrede tomater og derefter oste. Bag pizzaen, indtil skorpen er brun og osten smelter.

51. Philly Cheesesteak Pizza

Ingrediens

- 1 mellemstor løg, skåret i skiver
- 1 medium grøn peber, skåret i skiver
- 8 oz. Svampe, skåret i skiver
- 8 oz. Roastbeef, barberet
- 3 spiseskefulde Worcestershire sauce
- 1/4 te. Sort peber
- 1 batch siciliansk tykskorpedej
- 3 spiseskefulde olivenolie
- 1 tsk knust hvidløg
- 4 kopper provolone ost
- 1/4 kop parmesanost, revet

Vejbeskrivelse

a) Sauter grøntsager i 1 spsk. olivenolie indtil blød tilsæt roastbeef. Kog i tre minutter mere.
b) Tilsæt Worcestershiresauce og peberrør og fjern fra varmen. Sæt til side.
c) Pensl forberedt dej med olivenolie og fordel knust hvidløg over hele overfladen af dejen. Top med et let lag revet ost, derefter kød/grøntsagsblanding, fordel jævnt.
d) Top med den resterende revet ost, derefter parmesan. Bages i forvarmet

500F ovn, indtil osten er smeltet og boblende.
e) Lad sidde 5 minutter før skæring og servering.

52. Pita pizza med grønne oliven

Ingrediens

Hakket salat

- 1 fed hvidløg, pillet og halveret
- 2 spsk balsamicoeddike
- 1 lille rødløg, halveret, skåret i tynde skiver
- ¼ kop ekstra jomfru olivenolie
- Groft havsalt og frisk sort peber 3 hjerter af romaine, groft hakket 4 mellemstore Kirby agurker, skåret i
- mundrette stykker
- 2 mellemstore tomater, udkernede, frøet og skåret i tern
- 1 moden avocado, skåret i tern
- 5 friske basilikumblade, revet i stykker
- 8-10 friske mynteblade, revet i stykker

Pita pizza
- 4 (7 tommer) lomme mindre pitabrød
- 8 oz. Monterey Jack ost, revet
- ½ kop udstenede og hakkede grønne oliven
- 2 jalapeño peberfrugter, hakket knuste røde peberflager Friskkværnet sort peber Barberet parmesanost til pynt

Vejbeskrivelse

a) Forvarm ovnen til 450°F.
b) For at forberede salaten, gnid kraftigt indersiden af en stor skål med hvidløg. Tilsæt eddike og rødløg og stil til side i 5 minutter. Pisk olien i og smag til med salt og peber. Tilsæt salat, agurk, tomat, avocado, basilikum og mynte og vend godt rundt.
c) Bag pitaerne, evt. i portioner, på den opvarmede pizzasten eller pande i 3 minutter. Kombiner ost, oliven og jalapeño i en lille skål. Fordel denne blanding mellem de fire pitaer.
d) Sæt pitaerne tilbage i ovnen, to ad gangen, og bag dem, indtil osten bobler og er let brunet, cirka 5 minutter. Hæld salaten oven på pizzaerne, drys med parmesanost og server.
e) SMED pitabrød med sauce. TILFØJ ekstra hvidløgspulver og oregano, hvis det ønskes. Så TILFØJ dit valg af toppings! Hakkede tomater, løg, peberfrugter, zucchini eller gul squash er alle lækre og nærende!
f) BAG ved 400° i 10 minutter.

53. Pizza burgere

Ingrediens

- 1 lb. hakket oksekød
- 1/4 hakkede oliven
- 1 c cheddarost
- 1/2 t hvidløgspulver
- 18 oz. dåse tomatsauce
- 1 løg, i tern

Vejbeskrivelse

a) Brun kød med hvidløg og løg.
b) Fjern fra varmen og rør tomatsauce og oliven i.
c) Læg i hotdog boller med ost.
d) Pak ind i folie og bag i 15 minutter ved 350 grader.

54. Madpakke pizza

Ingrediens

- 1 rund pitabrød
- 1 tsk olivenolie
- 3 spiseskefulde pizzasauce
- 1/2 C. revet mozzarellaost
- 1/4 C. snittede crimini svampe
- 1/8 tsk hvidløgssalt

Vejbeskrivelse

a) Indstil din grill til medium-høj varme og smør grillristen.
b) Fordel olien og pizzasaucen jævnt over 1 side af pitabrødet.
c) Læg svampe og ost over saucen og drys det hele med hvidløgssaltet.
d) Anret pitabrødene på grillen med svampesiden opad.
e) Dæk til og steg på grillen i cirka 5 minutter.

55. Afkølet frugtagtig godbid

Ingrediens

- 1 (18 oz.) pakke nedkølet sukkerkagedej
- 1 (7 oz.) krukke skumfiduscreme
- 1 (8 oz.) pakke flødeost, blødgjort

Vejbeskrivelse

a) Indstil din ovn til 350 grader F, før du gør noget andet.
b) Læg dejen på en mellemstor bageplade omkring 1/4 tommer tyk.
c) Bag alt i ovnen i cirka 10 minutter.
d) Tag alt ud af ovnen og stil det til side til afkøling.
e) I en skål blandes flødeost og skumfiduscreme sammen.
f) Fordel flødeostblandingen over skorpen og stil den på køl inden servering.

56. Røget pizza

Ingrediens

- 3 1/2 C. universalmel
- Pizzaskorpe gær
- 1 spsk sukker
- 1 1/2 tsk salt
- 1 1/3 C. meget varmt vand (120 grader til 130 grader F)
- 1/3 C. olie
- Yderligere mel til rulning
- Ekstra olie til grillning
- Pizzasauce
- Andet toppings efter ønske
- Revet mozzarellaost

Vejbeskrivelse

a) Indstil din grill til medium-høj varme og smør grillristen.
b) I en stor skål blandes 2 C. af mel, gær, sukker og salt sammen.
c) Tilsæt olie og vand og bland til det er godt blandet.
d) Tilsæt langsomt resten af melet og bland til en let klistret dej.
e) Læg dejen på en meldrysset overflade og ælt den til dejen bliver elastisk.

f) Del dejen i 8 portioner og rul hver del på en meldrysset overflade til en cirkel på cirka 8 tommer.
g) Beklæd begge sider af hver skorpe med lidt ekstra olie.
h) Kog alle skorperne på grillen i cirka 3-4 minutter.
i) Overfør skorpen på en glat overflade med grillsiden opad.
j) Fordel et tyndt lag pizzasauce jævnt på hver skorpe.
k) Læg dine ønskede toppings og ost over saucen og steg alt på grillen, indtil osten smelter.

57. Sweet-Tooth Pizza

Ingrediens

- 1 (18 oz.) pakke nedkølet sukkerkagedej
- 1 (8 oz.) beholder frossen pisket topping, optøet
- 1/2 C. banan i skiver
- 1/2 C. friske jordbær i skiver
- 1/2 C. stødt ananas, drænet
- 1/2 C. kerneløse druer, halveret

Vejbeskrivelse

a) Indstil din ovn til 350 grader F, før du gør noget andet.
b) Læg dejen på en 12-tommers pizzapande.
c) Bag alt i ovnen i ca 15-20 minutter.
d) Tag alt ud af ovnen og stil det til side til afkøling.
e) Fordel den piskede topping over skorpen og top med frugten i et ønsket design.
f) Stil på køl til afkøling inden servering.

58.   Unik pizza

Ingrediens

- 1 (10 oz.) dåse nedkølet pizzaskorpedej
- 1 C. hummuspålæg
- 1 1/2 C. peberfrugt i skiver, enhver farve
- 1 C. broccolibuketter
- 2 C. revet Monterey Jack ost

Vejbeskrivelse

a) Indstil din ovn til 475 grader F, før du gør noget andet.
b) Læg dejen på en pizzapande.
c) Læg et tyndt lag af hummusen jævnt over skorpen og top det hele med broccoli og peberfrugt.
d) Drys pizzaen med osten og steg det hele i ovnen i cirka 10-15 minutter.

59. Håndværker pizza

Ingrediens

- 1 (12 tommer) forbagt pizzabund
- 1/2 C. pesto
- 1 moden tomat, hakket
- 1/2 C. grøn peberfrugt, hakket
- 1 (2 oz.) dåse hakkede sorte oliven, drænet
- 1/2 lille rødløg, hakket
- 1 (4 oz.) dåse artiskokhjerter, drænet og skåret i skiver
- 1 C. smuldret fetaost

Vejbeskrivelse

a) Indstil din ovn til 450 grader F, før du gør noget andet.
b) Læg dejen på en pizzapande.
c) Læg et tyndt lag af pestoen jævnt over skorpen og top med grøntsager og fetaost.
d) Drys pizzaen med osten og steg det hele i ovnen i cirka 8-10 minutter.

60. Pepperoni Pizza Dip

Ingrediens

- 1 (8 oz.) pakke flødeost, blødgjort
- 1 (14 oz.) dåse pizzasauce
- 1/4 lb. pepperonipølse, skåret i tern
- 1 løg, hakket
- 1 (6 oz.) dåse sorte oliven, hakket
- 2 C. revet mozzarellaost

Vejbeskrivelse

a) Indstil din ovn til 400 grader F, før du gør noget andet, og smør en 9-tommer tærteform.
b) Læg flødeosten i bunden af den tilberedte tærteform og top med pizzasauce.
c) Top det hele med oliven, pepperoni og løg og drys med mozzarellaost.
d) Bag alt i ovnen i ca 20-25 minutter.

61. Tun pizza

Ingrediens

- 1 (8 oz.) pakke flødeost, blødgjort
- 1 (14 oz.) pakke forbagt pizzabund
- 1 (5 oz.) dåse tun, drænet og i flager
- 1/2 C. rødløg i tynde skiver
- 1 1/2 C. revet mozzarellaost
- knuste røde peberflager, eller efter smag

Vejbeskrivelse

a) Indstil din ovn til 400 grader F, før du gør noget andet.
b) Fordel flødeosten over den forbagte skorpe.
c) Top skorpen med tun og løg og drys med mozzarellaost og rød peberflager.
d) Bag alt i ovnen i ca 15-20 minutter.

62. Kylling med pizzasmag

Ingrediens

- 1/2 C. Italiensk-krydret brødkrummer
- 1/4 C. revet parmesanost
- 1 tsk salt
- 1 tsk kværnet sort peber
- 1/2 C. universalmel
- 1 æg
- 1 spsk citronsaft
- 2 skindfri, udbenet kyllingebrysthalvdele
- 1/2 C. pizzasauce, delt
- 1/2 C. revet mozzarellaost, delt
- 4 skiver pepperoni, eller efter smag - delt

Vejbeskrivelse

a) Indstil din ovn til 400 grader F, før du gør noget andet.
b) Tilsæt citronsaft og æg i et lavt fad og pisk godt.
c) I en anden lav skål placeres melet.
d) I en tredje skål blandes parmesan, brødkrummer, salt og sort peber sammen.
e) Beklæd hvert kyllingebryst med æggeblandingen og rul ind i melblandingen.

f) Dyp igen kyllingen i æggeblandingen og rul ind i raspblandingen.
g) Anret kyllingebrystene i en ovnfast fad og steg det hele i ovnen i cirka 20 minutter.
h) Læg ca. 2 spiseskefulde af pizzasaucen over hvert kyllingebryst og top med ost og pepperoni skiver jævnt.
i) Bag alt i ovnen i cirka 10 minutter.

63. Morgenmad pizza

Ingrediens

- 2/3 C. varmt vand
- 1 (0,25 oz.) pakke instant gær
- 1/2 tsk salt
- 1 tsk hvidt sukker
- 1/4 tsk tørret oregano
- 1 3/4 C. universalmel
- 6 skiver bacon, hakket
- 1/2 C. grønt løg, skåret i tynde skiver
- 6 æg, pisket
- salt og peber efter smag
- 1/2 C. pizzasauce
- 1/4 C. revet parmesanost
- 2 oz. tyndt skåret salami

Vejbeskrivelse

a) Indstil din ovn til 400 grader F, før du gør noget andet, og smør let en pizzabakke.
b) Tilsæt vand, sukker, gær, oregano og salt i en skål og rør, indtil det er helt opløst.
c) Tilsæt ca. 1 C. af melet og bland godt.
d) Tilsæt det resterende mel og bland godt.

e) Dæk skålen til med en plastfolie og stil den til side i cirka 10-15 minutter.
f) Varm en stor stegepande op på medium varme og steg baconen, indtil den er helt brun.
g) Tilsæt de grønne løg og steg i cirka 1 minut.
h) Tilsæt æggene og kog under omrøring, indtil rørægene er forberedt.
i) Rør salt og sort peber i.
j) Fordel pizzasaucen over dejen og læg dejen på den forberedte pizzabakke.
k) Top med bacon, æg, parmesan og salami og steg det hele i ovnen i cirka 20-25 minutter.

64. Have Frisk Pizza

Ingrediens

- 2 (8 oz.) pakker nedkølede halvmåneruller
- 2 (8 oz.) pakker flødeost, blødgjort
- 1/3 C. mayonnaise
- 1 (1,4 oz.) pakke tør grøntsagssuppeblanding
- 1 C. radiser, skåret i skiver
- 1/3 C. hakket grøn peberfrugt
- 1/3 C. hakket rød peberfrugt
- 1/3 C. hakket gul peberfrugt
- 1 C. broccolibuketter
- 1 C. blomkålsbuketter
- 1/2 C. hakket gulerod
- 1/2 C. hakket selleri

Vejbeskrivelse

a) Indstil din ovn til 400 grader F, før du gør noget andet.
b) I bunden af en 11x14-tommer jellyroll-pande fordeles halvmånerulledejen.
c) Klem eventuelle sømme sammen med fingrene for at lave en skorpe.
d) Bag alt i ovnen i cirka 10 minutter.
e) Tag det hele ud af ovnen og stil det til side for at køle helt af.

f) Bland mayonnaise, flødeost og grøntsagssuppe sammen i en skål.
g) Læg mayonnaiseblandingen jævnt over skorpen og top det hele med grøntsagerne jævnt og pres dem forsigtigt i mayonnaiseblandingen.
h) Dæk pizzaen med plastfolie og stil den på køl natten over.

65. Pizzaskaller

Ingrediens

- 2 (28 oz.) dåser knuste tomater
- 2 spsk rapsolie
- 2 spiseskefulde tørret oregano
- 1 tsk tørret basilikum
- 1 tsk hvidt sukker
- 1 (12 oz.) æske jumbo pastaskaller
- 1 (6 oz.) dåse champignon i skiver, drænet
- 1/2 grøn peberfrugt, hakket
- 1/2 løg, hakket
- 2 C. revet Monterey Jack ost
- 1 (6 oz.) pakke skåret mini pepperoni

Vejbeskrivelse

a) Tilsæt de knuste tomater, basilikum, oregano, sukker og olie i en gryde og bland godt.
b) Dæk gryden til og bring det i kog.
c) Reducer varmen til lav og lad det simre i cirka 30 minutter.
d) Indstil din ovn til 350 grader F.
e) I en stor gryde med letsaltet kogende vand koges pastaskallerne i cirka 10 minutter, mens der røres af og til.
f) Dræn godt af og hold til side.

g) I en skål blandes grøn peber, løg og champignon sammen.
h) Læg cirka 1 tsk af tomatsaucen i hver skal og drys med løgblandingen og cirka 1 spiseskefuld Monterey Jack-ost.
i) I en 13x9-tommer bageform, arrangere skallerne, side om side og rørende og placere mini pepperoni skiver over hver skal.
j) Bag alt i ovnen i cirka 30 minutter.

66. Varm italiensk stegepizza

Ingrediens

- 1 spsk olivenolie
- 1 spansk løg, skåret i tynde skiver
- 1 grøn peberfrugt, skåret i tynde skiver
- 1 (3,5 oz.) led varm italiensk pølse, skåret i skiver
- 1/4 C. friske champignon i skiver, eller mere efter smag
- 1 skive forberedt polenta, skåret i 4x4-tommer stykker
- 1/4 C. spaghetti sauce, eller efter behov
- 1 oz. revet mozzarellaost

Vejbeskrivelse

a) I en stor stegepande opvarmes olien ved middel varme og sauter pølse, peberfrugt, svampe og løg i cirka 10-15 minutter.
b) Overfør blandingen til en stor skål.
c) Tilsæt polentaen i samme stegepande og steg i cirka 5 minutter på begge sider.
d) Top polentaen med pølseblandingen efterfulgt af spaghetti sauce og mozzarellaost.
e) Kog i cirka 5-10 minutter.

67. Pizza i New Orleans stil

Ingrediens

- 8 jumbo sorte oliven, udstenede
- 8 udstenede grønne oliven
- 2 spsk hakket selleri
- 2 spsk hakket rødløg
- 2 fed hakket hvidløg
- 6 blade hakket frisk basilikum
- 1 spsk hakket frisk persille
- 2 spsk olivenolie
- 1/2 tsk tørret oregano
- salt og friskkværnet sort peber efter smag
- 1 (16 oz.) pakke færdiglavet pizzabund
- 1 spsk olivenolie
- 1/2 tsk hvidløgspulver efter smag og salt efter smag
- 2 oz. mozzarella ost og 2 oz. provolone ost
- 2 oz. revet parmesanost
- 2 oz. tyndt skåret hård salami, skåret i strimler
- 2 oz. tynde skiver mortadella, skåret i strimler
- 4 oz. tynde skiver prosciutto, skåret i strimler

Vejbeskrivelse

a) I en skål blandes oliven, løg, selleri, hvidløg, friske krydderurter, tørret oregano, salt, sort peber og olie sammen.
b) Dæk til og stil på køl til afkøling før brug.
c) Indstil din ovn til 500 grader F.
d) Pensl pizzabunden med olien og drys med hvidløgspulver og salt.
e) Arranger pizzaskorpen over ovnristen og bag alt i ovnen i cirka 5 minutter.
f) Tag det hele ud af ovnen og stil det til side for at køle helt af.
g) Indstil nu ovnen til slagtekylling.
h) I en skål blandes alt det resterende sammen.
i) Tilsæt olivenblandingen og rør for at kombinere.
j) Læg blandingen jævnt over skorpen og kog under slagtekyllingen i cirka 5 minutter.
k) Skær retten i de ønskede skiver og server.

68. Torsdag aften pizza

Ingrediens

- 10 væske oz. varmt vand
- 3/4 tsk salt
- 3 spiseskefulde vegetabilsk olie
- 4 C. universalmel
- 2 tsk aktiv tørgær
- 1 (6 oz.) dåse tomatpure
- 3/4 C. vand
- 1 (1,25 oz.) pakke tacokrydderiblanding, delt
- 1 tsk chilipulver
- 1/2 tsk cayennepeber
- 1 (16 oz.) dåse fedtfri refried bønner
- 1/3 C. salsa
- 1/4 C. hakket løg
- 1/2 lb. hakket oksekød
- 4 C. revet cheddarost

Vejbeskrivelse

a) Tilsæt vand, salt, olie, mel og gær i den af producenten anbefalede rækkefølge i brødmaskinen.
b) Vælg dejens cyklus.
c) Tjek dejen efter et par minutter.
d) Hvis det er for tørt og ikke blander langsomt, tilsæt vand 1 spsk ad gangen,

indtil det blander sig og har en dejlig smidig dejkonsistens.

e) Imens blandes i en lille skål tomatpureen, 3/4 af pakken med tacokrydderiblanding, cayennepeber, chilipulver og vand.
f) I en anden skål blandes salsa, refried beans og løg sammen.
g) Varm en stor stegepande op og steg oksekødet, indtil det er helt brunt.
h) Dræn det overskydende fedt fra gryden.
i) Tilsæt den resterende 1/4 pakke tacokrydderi og en lille smule vand og lad det simre i et par minutter.
j) Fjern alt fra varmen.
k) Indstil din ovn til 400 grader F, før du fortsætter.
l) Når dejcyklussen er færdig, skal du fjerne dejen fra maskinen.
m) Del dejen i 2 portioner og kom i to 12-tommers pander.
n) Fordel et lag af bønneblandingen over hver dej, efterfulgt af et lag af tomatpastablandingen, oksekødsblandingen og cheddarosten.
o) Tilbered det hele i ovnen i cirka 10-15 minutter, vend halvvejs i bagetiden.

69. Blandet Veggie Pizza

Ingrediens

- 1 spsk olivenolie
- 1 (12 oz.) pose blandede grøntsager
- 1 (10 oz.) forbagt fuldkornspizzaskorpe
- 1 C. tilberedt pizzasauce
- 1 oz. skåret pepperoni
- 1 C. revet mozzarellaost

Vejbeskrivelse

a) Indstil din ovn til 450 grader F, før du gør noget andet.
b) I en stor nonstick-gryde, opvarm olien på medium-høj varme og kog de blandede grøntsager i cirka 10 minutter, omrør lejlighedsvis.
c) Læg pizzaskorpen på en bageplade.
d) Fordel pizzasaucen jævnt over skorpen og top med grøntsagsblandingen, pepperoni og mozzarellaost.
e) Bag alt i ovnen i cirka 10 minutter

70.   Hamburger pizza

Ingrediens

- 8 hamburgerboller, delt
- 1 lb. hakket oksekød
- 1/3 C. løg, hakket
- 1 (15 oz.) dåse pizzasauce
- 1/3 C. revet parmesanost
- 2 1/4 tsk italiensk krydderi
- 1 tsk hvidløgspulver
- 1/4 tsk løgpulver
- 1/8 tsk knuste røde peberflager
- 1 tsk paprika
- 2 C. revet mozzarellaost

Vejbeskrivelse

a) Indstil ovnen til slagtekyllinger og arranger ovnstativet omkring 6-tommer fra varmeelementet.
b) Arranger bollehalvdelene i en bageplade med skorpen nedad og kog alt under grillen i ca. 1 minut.
c) Indstil nu ovnen til 350 grader F.
d) Varm en stor stegepande op på medium varme og steg oksekødet i cirka 10 minutter.
e) Dræn det overskydende fedt fra gryden.
f) Rør løget i og steg det hele i cirka 5 minutter.

g) Tilsæt det resterende undtagen mozzarellaosten og bring det i kog.
h) Lad det simre under omrøring af og til i 10-15 minutter.
i) Anret bollerne på en bageplade og top dem med oksekødsblandingen og mozzarellaost jævnt.
j) Bag alt i ovnen i cirka 10 minutter.

71.   Fløde af pizza

Ingrediens

- 1 lb. stødt pølse
- 2 (12 tommer) tilberedte pizzaskorper
- 12 æg
- 3/4 C. mælk
- salt og peber efter smag
- 1 (10,75 oz.) dåse kondenseret fløde af selleri suppe
- 1 (3 oz.) dåse baconstykker
- 1 lille løg, hakket
- 1 lille grøn peberfrugt, hakket
- 4 C. revet cheddarost

Vejbeskrivelse

a) Indstil din ovn til 400 grader F, før du gør noget andet.
b) Opvarm en stor stegepande på medium-høj varme og kog pølsen, indtil den er helt brun.

c) Overfør pølsen på en tallerken foret med køkkenrulle til afdrypning, og smuldr den derefter.
d) Tilsæt imens mælk, æg, salt og sort peber i en skål og pisk godt.
e) Rør æggene sammen i den samme pande med pølse, indtil de er stivnet helt.
f) Anret pizzaskorperne på hovedet på bagepladerne og steg det hele i ovnen i cirka 5-7 minutter.
g) Fjern skorperne fra ovnen og vend den modsatte side op.
h) Fordel ca. 1/2 dåse af cremen af sellerisuppe oven på hver skorpe.
i) Læg 1/2 af æggeblandingen på hver skorpe.
j) Læg baconstykkerne på 1 pizza og top den anden pizza med smuldret pølse.
k) Top hver pizza med løg, peberfrugt og 2 C. af osten.
l) Tilbered alt i ovnen, i cirka 25-30 minutter.

72.   Roma Fontina Pizza

Ingrediens

- 1/4 C. olivenolie
- 1 spsk hakket hvidløg
- 1/2 tsk havsalt
- 8 romatomater i skiver
- 2 (12 tommer) forbagte pizzaskorper
- 8 oz. revet mozzarella ost
- 4 oz. revet Fontina ost
- 10 friske basilikumblade, strimlet
- 1/2 C. friskrevet parmesanost
- 1/2 C. smuldret fetaost

Vejbeskrivelse

a) Indstil din ovn til 400 grader F, før du gør noget andet.
b) Bland tomater, hvidløg, olie og salt sammen i en skål, og hold det til side i cirka 15 minutter.
c) Beklæd hver pizzabund med noget af tomatmarinade.
d) Top det hele med Mozzarella- og Fontina-ostene, efterfulgt af tomater, basilikum, parmesan og fetaost.
e)

73. Krydret Spinat Kylling Pizza

Ingrediens

- 1 C. varmt vand
- 1 spsk hvidt sukker
- 1 (0,25 oz.) pakke aktiv tørgær
- 2 spiseskefulde vegetabilsk olie
- 3 C. universalmel
- 1 tsk salt
- 6 skiver bacon
- 6 spiseskefulde smør
- 2 fed hvidløg, hakket
- 1 1/2 C. tung fløde
- 2 æggeblommer
- 1/2 C. friskrevet parmesanost
- 1/2 C. friskrevet Romano ost
- 1/8 tsk stødt muskatnød
- 1/2 tsk paprika
- 1/4 tsk cayennepeber
- 1/4 tsk stødt spidskommen
- 1/4 tsk smuldret tørret timian
- 1/8 tsk salt
- 1/8 tsk kværnet hvid peber
- 1/8 tsk løgpulver
- 2 skindfri, udbenet kyllingebrysthalvdele
- 1 spsk vegetabilsk olie
- 1 C. revet mozzarellaost
- 1/2 C. babyspinatblade
- 3 spiseskefulde friskrevet parmesanost
- 1 roma tomat, i tern

Vejbeskrivelse

a) Tilsæt vand, sukker, gær og 2 spiseskefulde af vegetabilsk olie i arbejdsskålen på en stor røremaskine, udstyret med en dejkrog, og bland i flere sekunder ved lav hastighed.

b) Stop røremaskinen og tilsæt mel og salt og start igen røremaskinen på lav hastighed og bland indtil melblandingen er blandet helt sammen med gærblandingen.

c) Drej nu hastigheden til medium-lav og maskinælt dejen i cirka 10 til 12 minutter.

d) Drys dejen med mel af og til, hvis det klæber til siderne af skålen.

e) Form dejen til en kugle og læg det hele i en smurt skål og vend dejen i skålen flere gange, så den dækkes jævnt med olien.

f) Tildæk dejen med et håndklæde og opbevar den et lunt sted i mindst 30 minutter til 1 time.

g) Opvarm en stor stegepande over medium-høj varme og steg baconen, indtil den er helt brun.

h) Overfør baconen på en tallerken foret med køkkenrulle til afdrypning, og hak den.
i) I en stor stegepande smeltes smørret og ved middel varme og hvidløget sauteres i ca. 1 minut.
j) Rør fløde og æggeblommer i og pisk til en jævn masse.
k) Rør ca. 1/2 C. af parmesanosten, romano-osten, muskatnød og salt i og lad det simre let ved svag varme.
l) Lad det simre under konstant omrøring i cirka 3-5 minutter.
m) Fjern alt fra varmen og stil til side.
n) Indstil din ovn til 350 grader F, før du fortsætter.
o) I en skål blandes timian, spidskommen, paprika, cayennepeber, løgpulver, 1/8 tsk salt og hvid peber sammen.
p) Gnid den ene side af hvert kyllingebryst med krydderiblandingen jævnt.
q) Opvarm 1 spiseskefulde vegetabilsk olie i en stegepande ved høj varme og svits kyllingebrystene med krydret side i cirka 1 minut på hver side.
r) Læg kyllingebrystene over på en bageplade.
s) Bag det hele i ovnen i cirka 5-10 minutter, eller indtil det er helt færdigt.

t) Tag alt ud af ovnen og skær i skiver.
u) Læg pizzadejen på en meldrysset overflade og slå den ned, så rulles den ud.
v) Læg pizzaskorpen på en tung bageplade.
w) Med en gaffel prikker du flere huller i skorpen og bager det hele i ovnen i cirka 5-7 minutter.
x) Tag alt ud af ovnen og læg Alfredo-saucen jævnt over skorpen efterfulgt af mozzarellaost, kyllingeskiver, spinatblade, bacon og 3 spiseskefulde parmesanost.
y) Bag alt i ovnen i ca 15-20 minutter.
z) Server med en topping af hakkede romatomater.

74.   Pizza til påske

Ingrediens

- 1/2 lb. bulk italiensk pølse
- olivenolie
- 1 (1 lb.) brød frossen brøddej, optøet
- 1/2 lb. mozzarellaost i skiver
- 1/2 lb. kogt skinke i skiver
- 1/2 lb. skiveskåret provolone ost
- 1/2 lb. salami i skiver
- 1/2 lb. pepperoni i skiver
- 1 (16 oz.) beholder ricottaost
- 1/2 C. revet parmesanost
- 8 æg, pisket
- 1 æg
- 1 tsk vand

Vejbeskrivelse

a) Varm en stor stegepande op på middel varme og kog pølsen i cirka 5-8 minutter.
b) Dræn det overskydende fedt fra gryden og kom pølsen over i en skål.
c) Indstil din ovn til 350 grader F og smør en 10-tommer springskumpande med olivenolie.

d) Skær 1/3 af dejen af brødet og stil til side under et klæde.
e) Form de resterende 2/3 af dejen til en kugle og læg på en meldrysset overflade, og rul derefter til en 14-tommer cirkel.
f) Læg dejen i den forberedte springform, så dejen kan hænge ud over kanten med 2 tommer hele vejen rundt.
g) Læg halvdelen af den kogte pølse på skorpen efterfulgt af halvdelen af mozzarellaosten, halvdelen af skinken, halvdelen af provoloneosten, halvdelen af salamien og halvdelen af pepperonien.
h) Top det hele med ricottaost, efterfulgt af halvdelen af parmesanosten over ricottaen, halvdelen af de sammenpiskede æg.
i) Gentag alle lagene én gang.
j) Rul det resterende stykke brøddej ud til en 12-tommer cirkel.
k) Placer stykket over pizzatærten for at danne den øverste skorpe og rul, og klem derefter den nederste skorpe ud over den øverste skorpe for at forsegle fyldet.
l) I en lille skål, pisk 1 æg med vand og belæg toppen af tærten med æggevæsken.

m) Tilbered det hele i ovnen i ca. 50-60 minutter, eller indtil en tandstikker, der stikkes i midten af skorpen, kommer ren ud.

75.   Super Bowl Pizza

Ingrediens

- 3 kartofler, skrubbede
- 6 skiver bacon
- 1 (6,5 oz.) pakke pizzaskorpeblanding
- 1/2 C. vand
- 1/4 C. olivenolie
- 1 spsk smør, smeltet
- 1/4 tsk hvidløgspulver
- 1/4 tsk tørret italiensk krydderi
- 1/2 C. creme fraiche
- 1/2 C. Ranch dressing
- 3 grønne løg, hakket
- 1 1/2 C. revet mozzarellaost
- 1/2 C. revet cheddarost

Vejbeskrivelse

a) Indstil din ovn til 450 grader F, før du gør noget andet.
b) Prik kartoflerne flere gange med en gaffel og læg dem på en bageplade.
c) Bag alt i ovnen i ca 50-60 minutter.
d) Tag alt ud af ovnen og afkøl, og pil dem derefter.
e) Varm en stor stegepande op på medium-høj varme og steg baconen i cirka 10 minutter.

f) Læg baconen over på en tallerken foret med køkkenrulle til afdrypning, og smuldr den derefter.
g) Indstil nu ovnen til 400 grader F og smør en pizzapande let.
h) Tilsæt pizzaskorpeblandingen, olie og vand i en stor skål og bland med en gaffel, indtil det er godt blandet.
i) Læg dejen på en let meldrysset overflade og ælt i cirka 8 minutter.
j) Hold til side i cirka 5 minutter.
k) Form dejen til en flad cirkel og anbring den i den forberedte pizzapande, så dejen hænger lidt ud over kanten.
l) Bag alt i ovnen i ca 5-6 minutter.
m) I en stor skål blandes kartofler, smør, hvidløgspulver og italiensk krydderi sammen.
n) Bland cremefraiche og ranchdressing i en lille skål.
o) Læg cremefraicheblandingen jævnt over skorpen og top med kartoffelblandingen efterfulgt af bacon, løg, mozzarellaost og cheddarost.
p) Bag alt i ovnen i ca 15-20 minutter.

76. Fladbrød pizza

Ingrediens

- 1 spsk olivenolie
- 6 crimini-svampe i skiver
- 3 fed hvidløg, hakket
- 1 knivspids salt og kværnet sort peber
- 1 spsk olivenolie
- 8 spyd friske asparges, trimmet og skåret i 2-tommers stykker
- 1/2 lb. Æbletræ-røget bacon, skåret i 2-tommers stykker
- 1 (12 tommer) tilberedt fladbrødspizzaskorpe
- 3/4 C. tilberedt marinara sauce
- 1/2 C. revet mozzarellaost
- 1/2 C. revet Asiago ost

Vejbeskrivelse

a) Indstil din ovn til 400 grader F, før du gør noget andet, og beklæd en bageplade med folie.
b) Opvarm 1 spsk olie i en stor gryde ved middel varme og svits svampe, hvidløg, salt og sort peber i cirka 10 minutter.
c) Fjern alt fra varmen og hold det til side.
d) I en anden stor stegepande opvarmes 1 spsk olie ved middelhøj varme og

aspargesene koges i ca. 8 minutter, mens der røres af og til.
e) Kom aspargesene over i en skål.
f) Reducer varmen til medium, og steg baconen i den samme stegepande i cirka 10 minutter.
g) Læg baconen over på en tallerken foret med køkkenrulle til afdrypning.
h) Arranger fladbrødskorpen på den forberedte bageplade.
i) Læg marinarasaucen jævnt over skorpen efterfulgt af svampeblandingen, asparges, bacon, mozzarellaost og Asiago ost.
j) Bag alt i ovnen i cirka 12-15 minutter.

77. Tidlig morgen pizza

Ingrediens

- 1 lb. hakket svinepølse
- 1 (8 oz.) pakke nedkølet halvmånerulledej, eller efter behov
- 8 oz. mild cheddarost, revet
- 6 æg
- 1/2 C. mælk
- 1/2 tsk salt
- kværnet sort peber efter smag

Vejbeskrivelse

a) Indstil din ovn til 425 grader F, før du gør noget andet.
b) Varm en stor stegepande op på medium varme og steg oksekødet, indtil det er helt brunt.
c) Dræn det overskydende fedt fra gryden.
d) Placer halvmånerulledejen på en smurt 13x9-tommer bageplade.
e) Læg pølsen og cheddarosten jævnt over halvmånerulledejen.
f) Dæk bageformen med plastfolie og stil den på køl i cirka 8 timer til natten over.
g) Indstil din ovn til 350 grader F.

h) Tilsæt æg, mælk, salt og sort peber i en skål og pisk godt.
i) Læg æggeblandingen jævnt over pølse og ost i bageformen.
j) Dæk bageformen med lidt folie og bag alt i ovnen i cirka 20 minutter.
k) Indstil nu ovnen til 325 grader F, før du fortsætter.
l) Afdæk bageformen og bag alt i ovnen i cirka 15-25 minutter.

78.   Backroad Pizza

Ingrediens

- 1 lb. hakket oksekød
- 1 (10,75 oz.) dåse kondenseret fløde med svampesuppe, ufortyndet
- 1 (12 tommer) forbagt tynd pizzaskorpe
- 1 (8 oz.) pakke revet cheddarost

Vejbeskrivelse

a) Indstil din ovn til 425 grader F, før du gør noget andet.
b) Varm en stor stegepande op på medium varme og steg oksekødet, indtil det er helt brunt.
c) Dræn det overskydende fedt fra gryden.
d) Læg cremen af svampesuppe jævnt over pizzaskorpen og top med det kogte oksekød, efterfulgt af osten.
e) Bag alt i ovnen i cirka 15 minutter.

79. Børnevenlige pizzaer

Ingrediens

- 1 lb. hakket oksekød
- 1 lb. frisk, stødt svinepølse
- 1 løg, hakket
- 10 oz. forarbejdet amerikansk ost, i tern
- 32 oz. cocktailrugbrød

Vejbeskrivelse

a) Indstil din ovn til 350 grader F, før du gør noget andet.
b) Varm en stor stegepande op og steg pølsen og oksekødet, indtil det er helt brunet.
c) Tilsæt løget og steg det møre og dræn det overskydende fedt fra gryden.
d) Rør smelteostmaden i og kog til osten er smeltet.
e) Læg brødskiverne på en bageplade, og top hver skive med en dynge skefuld af oksekødsblandingen.
f) Bag alt i ovnen i cirka 12-15 minutter.

80. Pizza i Pennsylvania-stil

Ingrediens

- 1 (1 lb.) brød frosset fuldkornsbrødsdej, optøet
- 1/2 C. tusind ø-dressing
- 2 C. revet schweizerost
- 6 oz. deli skåret corned beef, skåret i strimler
- 1 C. surkål - skyllet og afdryppet
- 1/2 tsk kommenfrø
- 1/4 C. hakket dild pickles (valgfrit)

Vejbeskrivelse

a) Indstil din ovn til 375 grader F, før du gør noget andet, og smør en pizzapande.
b) På en let meldrysset overflade rulles brøddejen til en stor cirkel på cirka 14 tommer på tværs.
c) Læg dejen på den forberedte pizzapande og klem kanterne sammen.
d) Bag alt i ovnen i ca 20-25 minutter.
e) Tag alt ud af ovnen og top med halvdelen af salatdressingen jævnt efterfulgt af halvdelen af schweizerosten, corned beef, den resterende salatdressing, surkål og den resterende schweizerost.
f) Top med kommenfrøene jævnt.
g) Bag alt i ovnen i cirka 10 minutter.

h) Tag alt ud af ovnen og top med den hakkede pickle.

81. Kærnemælkspizza

Ingrediens

- 1 lb. hakket oksekød
- 1/4 lb. pepperonipølse i skiver
- 1 (14 oz.) dåse pizzasauce
- 2 (12 oz.) pakker nedkølet kærnemælk-kiksdej
- 1/2 løg, skåret i skiver og delt i ringe
- 1 (10 oz.) dåse skåret sorte oliven
- 1 (4,5 oz.) dåse champignon i skiver
- 1 1/2 C. revet mozzarellaost
- 1 C. revet cheddarost

Vejbeskrivelse

a) Indstil din ovn til 400 grader F, før du gør noget andet, og smør en 13x9-tommer bageplade.

b) Opvarm en stor stegepande på medium-høj varme og steg oksekødet, indtil det er helt brunt.

c) Tilsæt pepperoni og kog indtil brunet og dræn det overskydende fedt fra stegepanden.

d) Rør pizzasaucen i og fjern alt fra varmen.

e) Skær hver kiks i kvarte, og anbring dem i den tilberedte bageform.

f) Læg oksekødsblandingen jævnt over kiksene og top dem med løg, oliven og svampe.

g) Bag alt i ovnen i ca 20-25 minutter.

82.   Worcestershire Pizza

Ingrediens

- 1/2 lb. magert hakkebøf
- 1/2 C. pepperoni i tern
- 1 1/4 C. pizzasauce
- 1 C. smuldret fetaost
- 1/2 tsk Worcestershire sauce
- 1/2 tsk varm pebersauce
- salt og kværnet sort peber efter smag
- madlavningsspray
- 1 (10 oz.) dåse nedkølet kiksdej
- 1 æggeblomme
- 1 C. revet mozzarellaost

Vejbeskrivelse

a) Indstil din ovn til 375 grader F, før du gør noget andet, og smør en bageplade.
b) Opvarm en stor stegepande på medium-høj varme og steg oksekødet, indtil det er helt brunt.
c) Dræn det overskydende fedt fra gryden og reducer varmen til medium.
d) Rør pizzasauce, pepperoni, feta, hot pepper sauce, Worcestershire sauce, salt og peber i og steg i ca. 1 minut.
e) Adskil kiksene og anbring dem på tilberedt bageplade med en afstand på ca. 3 tommer.

f) Med bunden af et glas skal du trykke på hver kiks for at danne en 4-tommer rund kiks med 1/2-tommers kant rundt om den udvendige kant.
g) Tilsæt æggeblomme og 1/4 tsk af vandet i en lille skål og pisk godt.
h) Læg ca. 1/4 C. af oksekødsblandingen i hver kiksekop og top med mozzarellaosten.
i) Bag alt i ovnen i ca 15-20 minutter.

83.   BBQ oksekød pizza

Ingrediens

- 1 (12 oz.) pakke oksekødspølse, skåret i 1/4-tommers skiver.
- 2 (14 oz.) pakker 12-tommers størrelse italiensk pizzaskorpe
- 2/3 C. tilberedt barbecuesauce
- 1 C. rødløg i tynde skiver
- 1 grøn peberfrugt, frøet, skåret i tynde strimler
- 2 C. revet mozzarellaost

Vejbeskrivelse

a) Indstil din ovn til 425 grader F, før du gør noget andet.

b) Arranger pizzaskorpen på 2 bageplader.
c) Fordel barbecuesaucen jævnt på hver skorpe, efterfulgt af pølse, rødløg, peber og mozzarellaost.
d) Bag alt i ovnen i cirka 20 minutter.

84. Pizza Rigatoni

Ingrediens

- 1 1/2 lb. hakket oksekød
- 1 (8 oz.) pakke rigatoni pasta
- 1 (16 oz.) pakke revet mozzarellaost
- 1 (10,75 oz.) dåse kondenseret fløde med tomatsuppe
- 2 (14 oz.) glas pizzasauce
- 1 (8 oz.) pakke skåret pepperonipølse

Vejbeskrivelse

a) I en stor gryde med letsaltet kogende vand koges pastaen i cirka 8-10 minutter.
b) Dræn godt af og hold til side.
c) I mellemtiden opvarmer du en stor stegepande på medium-høj varme og koger oksekødet, indtil det er helt brunt.
d) Dræn det overskydende fedt fra gryden.
e) Læg oksekødet i en slow cooker efterfulgt af pasta, ost, suppe, sauce og pepperonipølse.
f) Sæt slowcookeren på Low og kog tildækket i ca. 4 timer.

85. Pizza i mexicansk stil

Ingrediens

- 1 lb. hakket oksekød
- 1 løg, hakket
- 2 mellemstore tomater, hakkede
- 1/2 tsk salt og 1/4 tsk peber
- 2 tsk chilipulver og 1 spsk stødt spidskommen
- 1 (30 oz.) dåse refried bønner
- 14 (12 tommer) mel tortillas
- 2 C. creme fraiche
- 1 1/4 lb. revet Colby ost
- 1 1/2 lb. revet Monterey Jack ost
- 2 røde peberfrugter, kernet og skåret i tynde skiver
- 4 grønne peberfrugter, kernet og skåret i tynde skiver
- 1 (7 oz.) dåse grøn chili i tern, drænet og 3 tomater, hakket
- 1 1/2 C. strimlet kogt kyllingekød
- 1/4 C. smør, smeltet
- 1 (16 oz.) krukke picante sauce

Vejbeskrivelse

a) Indstil din ovn til 350 grader F, før du gør noget andet, og smør en 15x10-tommer jellyroll-pande.
b) Varm en stor stegepande op på medium varme og steg oksekødet, indtil det er helt brunt.
c) Dræn det overskydende fedt fra gryden.
d) Tilsæt løg og 2 tomater og kog indtil de er møre.
e) Rør refried beans, chilipulver, spidskommen, salt og peber i, og kog indtil de er helt opvarmede.
f) Arranger 6 af tortillaerne på den forberedte pande med kanterne godt over siderne af panden.
g) Fordel bønnerblandingen jævnt over tortillaerne, efterfulgt af halvdelen af cremefraiche, 1/3 af Colby-osten, 1/3 af Monterey Jack-osten, 1 spiseskefuld af de grønne chilier, 1/3 af de grønne peberstrimler, og 1/3 af de røde peberstrimler og 1/3 af den hakkede tomat.
h) Læg 4 tortillas over toppings, og top med den resterende creme fraiche, efterfulgt af strimlet kylling, 1/3 af

både oste, rød og grøn peberfrugt, chili og tomater.
i) Placer nu 4 tortillas, efterfulgt af de resterende oste, peberfrugt, tomater, chili, og slut med noget af den revne ost på toppen.
j) Fold de overhængende kanter indad, og fastgør med tandstikkerne.
k) Pensl tortillaoverfladerne med det smeltede smør.
l) Bag alt i ovnen i ca 35-45 minutter.
m) Fjern tandstikkerne og stil dem til side i mindst 5 minutter, før de skæres i skiver.
n) Server med en topping af picantesaucen.

86. Middelhavspizza

Ingrediens

- 2 tomater, kerne og groft hakkede
- 1 tsk salt
- 8 oz. revet mozzarellaost
- 1 rødløg, groft hakket
- 1/4 C. hakket frisk basilikum
- 1/2 tsk kværnet sort peber
- 2 spsk olivenolie
- 3 friske jalapenopeberfrugter, hakket
- 1/2 C. skiver sorte oliven
- 1/2 C. friske champignon i skiver
- 1/2 C. pizzasauce
- 2 (12 tommer) forbagte pizzaskorper
- 8 oz. revet mozzarellaost
- 1/4 C. revet parmesanost

Vejbeskrivelse

a) Indstil din ovn til 450 grader F.
b) Tilsæt tomaterne i en netsi og drys med saltet jævnt.
c) Opbevar alt i vasken i cirka 15 minutter for at løbe af.
d) I en stor skål blandes de 8 oz. af mozzarellaen, afdryppede tomater, svampe, oliven, løg, jalapeñopeber, basilikum og olie.

e) Læg tomatsaucen jævnt over de to skorper og top med tomatblandingen, efterfulgt af den resterende mozzarella og parmesanost.
f) Bag alt i ovnen i ca 8-10 minutter.

87.   Alle Peber og Løg Pizza

Ingrediens

- 8 oz. hakket svinepølse
- 5 æg, let pisket
- 1 (12 tommer) tilberedt pizzabund
- 1 C. ricotta ost
- 1/4 C. hakket rødløg
- 1/4 C. hakket frisk tomat
- 1/4 C. hakket rød peberfrugt
- 1/4 C. hakket grøn peberfrugt
- 8 oz. revet mozzarellaost

Vejbeskrivelse

a) Indstil din ovn til 375 grader F, før du gør noget andet.
b) Opvarm en stor stegepande på medium-høj varme og kog pølsen, indtil den er helt brun.
c) Dræn det overskydende fedt fra gryden og tilsæt æggene, og kog derefter til æggene er stivnet helt.
d) Anret pizzaskorpen på en pizzapande og top med ricottaost, mens de yderste kanter er tilbage.
e) Læg pølseblandingen over ricottaosten, efterfulgt af løg, tomat, rød peber og grøn peber og mozzarella.
f) Bag alt i ovnen i cirka 15 minutter.

88.   ELSKER pizza

Ingrediens

- 3 C. brødmel
- 1 (0,25 oz.) kuvert aktiv tørgær
- 1 1/4 C. varmt vand
- 3 spsk ekstra jomfru olivenolie, delt
- 3 spiseskefulde hakket frisk rosmarin
- 1 (14 oz.) dåse pizzasauce
- 3 C. revet mozzarellaost
- 2 modne tomater, skåret i skiver
- 1 zucchini, skåret i skiver
- 15 skiver vegetarisk pepperoni
- 1 (2,25 oz.) dåse skåret sorte oliven

Vejbeskrivelse

a) I en brødmaskine tilsættes mel, gær, vand og 2 spsk olivenolie i den rækkefølge, som producenten anbefaler.
b) Vælg indstillingen Dej, og tryk på Start.
c) Når cyklussen er færdig, æltes rosmarin i dejen.
d) Indstil din ovn til 400 grader F.
e) Del dejen i tre lige store portioner.
f) Form hver dejdel til en hjerteform, der er cirka 1/2 tomme tyk, og beklæd hver del med den resterende olivenolie.
g) Fordel et tyndt lag pizzasauce jævnt over hver pizza og top med ost,

efterfulgt af tomater, zucchini, pepperoni og oliven.

h) Bag alt i ovnen i ca 15-20 minutter.

89.   Kartoffel Tofu Pizza

Ingrediens

- 4 kartofler, revet
- 1 mellemstor løg, revet
- 2 æg, pisket
- 1/4 C. universalmel
- 2 spsk olivenolie
- 1 zucchini, skåret i tynde skiver
- 1 gul squash, skåret i tynde skiver
- 1 grøn peberfrugt, hakket
- 1 løg, skåret i tynde skiver
- 2 fed hvidløg, hakket
- 6 oz. fast tofu, smuldret
- 2 tomater, skåret i skiver
- 2 spsk hakket frisk basilikum
- 1/2 C. tomatsauce
- 1 C. revet fedtfri mozzarellaost

Vejbeskrivelse

a) Indstil din ovn til 425 grader F, før du gør noget andet, og smør en 12-tommers bageplade.
b) I en stor skål blandes revet løg, kartofler, mel og æg sammen og læg blandingen i den tilberedte bageform ved at trykke forsigtigt.
c) Bag alt i ovnen i cirka 15 minutter.

d) Beklæd toppen af kartoffelskorpen med olie og bag alt i ovnen i cirka 10 minutter.
e) Placer nu skorpen under slagtekyllingen og kog i cirka 3 minutter.
f) Fjern skorpen fra ovnen.
g) Indstil igen ovnen til 425 grader F, før du fortsætter.
h) I en stor skål blandes tofu, grøn peber, gul squash, zucchini, løg i skiver og hvidløg sammen.
i) Opvarm en stor nonstick-gryde og sauter tofublandingen, indtil grøntsagerne er møre.
j) I en lille skål blandes basilikum og tomatsauce sammen.
k) Læg halvdelen af tomatsaucen jævnt over skorpen og top med de kogte grøntsager og tomatskiver.
l) Fordel den resterende sauce jævnt ovenpå og drys med osten.
m) Bag alt i ovnen i cirka 7 minutter.

90.   græsk pizza

Ingrediens

- 1 spsk olivenolie
- 1/2 C. hakket løg
- 2 fed hvidløg, hakket
- 1/2 (10 oz.) pakke frossen hakket spinat, optøet og presset tør
- 1/4 C. hakket frisk basilikum
- 2 1/4 tsk citronsaft
- 1 1/2 tsk tørret oregano
- kværnet sort peber efter smag
- 1 (14 oz.) pakke nedkølet pizzabund
- 1 spsk olivenolie
- 1 C. revet mozzarellaost
- 1 stor tomat, skåret i tynde skiver
- 1/3 C. krydret brødkrummer
- 1 C. revet mozzarellaost
- 3/4 C. smuldret fetaost

Vejbeskrivelse

a) Indstil din ovn til 400 grader F, før du gør noget andet.
b) Opvarm 1 spsk olie i en stor stegepande og svits løg og hvidløg i cirka 5 minutter.
c) Tilsæt spinaten og kog i cirka 5-7 minutter.

d) Tag det hele af varmen og rør straks oregano, basilikum, citronsaft og peber i og stil det til side for at køle lidt af.
e) Rul pizzadejen ud på en stor bageplade og beklæd det hele med de resterende 1 spsk olivenolie.
f) Læg spinatblandingen over dejen, efterlad en lille kant i kanterne.
g) Læg 1 C. mozzarellaost over spinaten.
h) Bland brødkrummer og tomatskiver sammen i en skål, indtil de er helt dækket.
i) Læg tomatskiverne over mozzarellaosten, efterfulgt af de resterende 1 C. mozzarellaost og fetaost.
j) Bag alt i ovnen i cirka 15 minutter.

91.   Pizza salat

Ingrediens

Skorpe

- 1 3/4 C. universalmel
- 1 kuvert Pizza Crust Gær
- 1 1/2 tsk sukker
- 3/4 tsk salt
- 2/3 C. meget varmt vand
- 3 spiseskefulde ekstra jomfru olivenolie

Toppings

- 1 spsk ekstra jomfru olivenolie
- 1/4 tsk hvidløgspulver
- 2 C. revet mozzarellaost
- 1/4 C. hakket løg
- 1/4 C. hakkede eller tynde skiver gulerødder
- 4 C. hakket romainesalat
- 1 C. hakkede friske tomater
- 1/4 C. tilberedt italiensk salatdressing
- 1/4 C. revet parmesanost

Vejbeskrivelse

a) Indstil din ovn til 425 grader F, før du gør noget andet, og arranger stativet i den nederste tredjedel af ovnen.
b) Smør en pizzapande.

c) Til skorpen i en stor skål tilsættes mel, sukker, gær, olie og varmt vand og blandes godt sammen.
d) Tilsæt langsomt resten af melet og bland til en let klistret dej.
e) Læg dejen på en meldrysset overflade og ælt den til dejen bliver elastisk
f) Læg dejen på den forberedte pizzapande og tryk den.
g) Knib kanterne sammen med fingrene for at danne kanten.
h) Overtræk skorpen med 1 spsk olie og drys med hvidløgspulver.
i) I en skål blandes gulerødder, løg og mozzarellaost.
j) Top skorpen med gulerodsblandingen jævnt og steg det hele i ovnen i cirka 15-18 minutter.
k) Imens blandes det resterende i en skål.
l) Tag det hele ud af ovnen og stil det til side til afkøling i cirka 2-3 minutter.
m) Top pizzaen med parmesanosteblandingen og server med det samme.

92. Dessert pizza

Ingrediens

- 1 1/2 C. universalmel
- 2 teskefulde bagepulver
- 1 tsk salt
- 2 1/3 C. havregryn
- 1 C. smør
- 1 1/2 C. pakket brun farin
- 2 æg
- 1/2 tsk vaniljeekstrakt
- 1 1/2 C. revet kokos
- 2 C. semisweet chokoladechips
- 1/2 C. hakkede valnødder
- 1 C. slikovertrukne chokoladestykker
- 1 C. peanuts

Vejbeskrivelse

a) Indstil din ovn til 350 grader F, før du gør noget andet, og smør 2 (10-tommer) pizzapander.
b) I en stor skål blandes mel, bagepulver og salt sammen.
c) Tilsæt smør, æg, brun farin og vanilje i en anden skål og pisk til en jævn masse.

d) Tilsæt melblandingen i smørblandingen og bland det hele, indtil det hele er godt blandet.
e) Vend nødderne og 1/2 C. af kokosen i.
f) Del dejen i 2 portioner og læg hver portion i den forberedte pizzapande, og pres alt i 10-tommers cirkler.
g) Bag alt i ovnen i cirka 10 minutter.
h) Tag alt ud af ovnen og top det hele med den resterende kokos, chokoladechips, slik og jordnødder.
i) Bag alt i ovnen i ca 5-10 minutter.

93. Picnic mini pizzaer

Ingrediens

- 1/2 lb. malet italiensk pølse
- 1/2 tsk hvidløgssalt
- 1/4 tsk tørret oregano
- 1 C. stødt ananas, drænet
- 4 engelske muffins, delt
- 1 (6 oz.) dåse tomatpure
- 1 (8 oz.) pakke revet mozzarellaost

Vejbeskrivelse

a) Indstil din ovn til 350 grader F, før du gør noget andet, og smør let en bageplade.
b) Opvarm en stor stegepande på medium-høj varme og kog den italienske pølse, indtil den er helt brun.
c) Dræn det overskydende fedt, og kom pølsen over i en skål.
d) Tilsæt ananas, hvidløg, oregano og salt og bland godt.
e) Læg de engelske muffinshalvdele på den forberedte bageplade i et enkelt lag.

f) Fordel tomatsauce over muffinshalvdelene og top med pølseblandingen og mozzarellaost.
g) Bag alt i ovnen i ca 10-15 minutter.

94. Tropisk valnøddepizza

Ingrediens

- 1 færdiglavet pizzabund
- 1 spsk olivenolie
- 1 (13,5 oz.) beholder flødeost med frugtsmag
- 1 (26 oz.) krukke mangoskiver, drænet og hakket
- 1/2 C. hakkede valnødder

Vejbeskrivelse

a) Tilbered pizzabunden i ovnen efter pakkens.
b) Smør skorpen jævnt med olien.
c) Fordel flødeosten over skorpen og top med hakket mango og nødder.
d) Skær i ønskede skiver og server.

95.		Tranebær kylling pizza

Ingrediens

- 2 skindfri, udbenet kyllingebrysthalvdele, skåret i mundrette stykker
- 1 spsk vegetabilsk olie
- 1 (12 tommer) tilberedt pizzabund
- 1 1/2 C. tranebærsauce
- 6 oz. Brieost, hakket
- 8 oz. revet mozzarellaost

Vejbeskrivelse

a) Indstil din ovn til 350 grader F
b) Varm olien op i en stegepande og steg kyllingen, indtil den er gennemstegt.
c) Fordel tranebærsaucen over den tilberedte pizzaskorpe og top med kyllingen, efterfulgt af brie og mozzarella.
d) Bag alt i ovnen i cirka 20 minutter.

96. Sød og salt pizza

Ingrediens

- 1 C. lunkent vand
- 1 (0,25 oz.) kuvert aktiv tørgær
- 3 C. universalmel
- 1 tsk vegetabilsk olie
- 1 tsk salt
- 8 tørrede figner
- 1 mellemstor rødløg, skåret i tynde skiver
- 1 spsk olivenolie
- 1 knivspids salt
- 1 tsk tørret timian
- 1 tsk fennikelfrø
- 4 oz. gede ost
- 1 spsk olivenolie, eller efter behov

Vejbeskrivelse

a) Tilsæt vandet i en stor skål og drys gæren ovenpå.
b) Stil det hele til side i et par minutter, eller indtil det er helt opløst.
c) Tilsæt mel, salt og olie og rør til en stiv dej.
d) Læg dejen på en meldrysset overflade og ælt i cirka 5 minutter.

e) Kom dejen over i en smurt skål og dæk med et køkkenrulle.
f) Hold alt til side i cirka 45 minutter.
g) Tilsæt fignerne i en skål med kogende vand og hold dem til side i cirka 10 minutter.
h) Dræn fignerne og hak dem.
i) I mellemtiden varmes 1 spsk olie op i en stegepande ved middel varme og løgene sauteres, indtil de er bløde.
j) Skru ned for varmen, og smag til med salt.
k) Steg ca. 5-10 minutter mere.
l) Rør figner, timian og fennikelfrø i og tag det hele af varmen.
m) Indstil din ovn til 450 grader F og smør let en pizzapande.
n) Slå pizzadejen ned, og fordel den i en 1/4 tomme tyk cirkel.
o) Læg dejen på den forberedte pizzapande og pensl overfladen let med den resterende olivenolie.
p) Fordel figenblandingen jævnt over skorpen og top det hele med gedeosten i form af prikker.
q) Bag alt i ovnen i ca 15-18 minutter.

97. Autumnal Dijon Pizza

Ingrediens

- 1 forbagt pizzabund
- 2 fed hvidløg, hakket
- 1 spsk dijonsennep
- 2 kviste frisk rosmarin, hakket
- 1/4 C. hvidvinseddike
- 1/2 C. olivenolie
- 1/4 C. smuldret blåskimmelost
- salt og peber efter smag
- 1/4 C. smuldret blåskimmelost
- 1/3 C. revet mozzarellaost
- 2 pærer - skrællede, udkernede og skåret i skiver
- 1/4 C. ristede valnøddestykker

Vejbeskrivelse

a) Indstil din ovn til 425 grader F, før du gør noget andet
b) Læg pizzaskorpen i en pizzapande.
c) Bag alt i ovnen i cirka 5 minutter.
d) Tag det hele ud af ovnen og stil det til side for at køle helt af.
e) Tilsæt hvidløg, rosmarin dijonsennep og eddike i en foodprocessor, og blend indtil det er blandet.
f) Mens motoren kører, tilsæt langsomt olien og puls, indtil den er jævn.

g) Tilsæt ca. 1/4 C. af blåskimmelosten, salt og peber og pulsér, indtil det er blandet.
h) Fordel vinaigretten jævnt over pizzaskorpen og drys med den resterende blåskimmelost og derefter mozzarellaost.
i) Top det hele med pæreskiverne og derefter de ristede valnødder.
j) Bag alt i ovnen i ca 7-10 minutter.

98.   Gorgonzola Buttery Pizza

Ingrediens

- 1/8 C. smør
- 2 store Vidalia-løg, skåret i tynde skiver
- 2 tsk sukker
- 1 (10 oz.) pakke nedkølet pizzadej
- 1 lb. Gorgonzola ost, smuldret

Vejbeskrivelse

a) Smelt smørret ved middel varme i en stor stegepande og svits løget i cirka 25 minutter.
b) Rør sukkeret i og kog under konstant omrøring i cirka 1-2 minutter.
c) Indstil din ovn til 425 grader F og smør en pizzapande.
d) Læg dejen på den forberedte pizzapande og tryk den til den ønskede tykkelse.
e) Læg løgene jævnt over skorpen efterfulgt af Gorgonzola.
f) Bag alt i ovnen i ca 10-12 minutter.

99. Rucola druepizza

Ingrediens

- 16 oz. færdiglavet pizzadej
- 1/2 C. Pasta Sauce
- 1/2 C. revet sødmælksmozzarella
- 1/2 C. revet provolone ost
- 1/4 C. gedeost, smuldret
- 1/4 C. pinjekerner
- 10 røde druer, halveret
- 1/4 C. rucola, finthakket
- 1 spsk tørrede rosmarinblade
- 1 spsk tørret oregano
- 1/2 tsk tørret koriander

Vejbeskrivelse

a) Indstil din ovn til 475 grader F, før du gør noget andet, og smør en bageplade.
b) Arranger pizzadejkuglen på den forberedte bageplade og flad midten af dejen tyndt.
c) Skorpen skal være 12-14 tommer i diameter.
d) I en skål blandes pastasauce, rucola, koriander og oregano sammen.
e) Fordel sauceblandingen jævnt over dejen.

f) Læg mozzarella- og provolone-ostene jævnt over saucen.
g) Top det hele med druerne, efterfulgt af rosmarin, gedeost og pinjekerner.
h) Bag alt i ovnen i cirka 11-14 minutter.

100. Pizza i fransk stil

Ingrediens

- 1 tynd pizzabund
- 2 C. røde druer, skåret i halve
- 1/2 lb. italiensk pølse, brunet og smuldret
- 6 oz. frisk gedeost
- ekstra jomfru oliven olie
- salt og peber

Vejbeskrivelse

a) Indstil din ovn til 450 grader F, før du gør noget andet.
b) Anret pizzaskorpen på en pizzapande.
c) Pensl skorpen med olie og drys med salt og sort peber.
d) Læg pølsen over pizzaskorpen, efterfulgt af druerne og gedeosten.
e) Bag alt i ovnen i ca 13-15 minutter.

KONKLUSION

Selvom det er en af verdens enkleste og mest populære fødevarer, er pizza underligt svært at definere. Århundreders evolution har forvandlet den fra bøffer lavet af mosede korn, der var dens tidligste forgænger, til en ret, der, selvom den er relateret til de tidlige kornkager, næsten ikke kan genkendes som deres efterkommer. Mest markant er ændringen i den primære ingrediens, fra forskellige grove kerner til en udelukkende hvedebaseret dej og til sidst til en ret lavet næsten udelukkende med hvidt mel.

Men selvom pizza har antaget mange former, og dens sammensætning, toppings, krydderier, tilberedningsmetoder og det udstyr, der blev brugt til at lave den, har ændret sig radikalt gennem årene, har det normalt været et fladbrød bagt ved høje temperaturer.

www.ingramcontent.com/pod-product-compliance
Lightning Source LLC
Chambersburg PA
CBHW070502120526
44590CB00013B/723